1000枚の服を捨てたら、人生がすごい勢いで動き出した話

Sachiko Hiruta
昼田祥子

講談社

はじめに

ファッションエディターという仕事をはじめて今年で22年目になります。

ファッションエディターとは、簡単に言うと「ファッション誌を作る人」。別の言い方をすると、「服の知識があり、メディアを通してターゲット層への売り方を考える人」。

そう、私はみなさんにずっと「服を買え！　買え！」と言ってきた人間です。

小さい頃から自分が着るものに人一倍こだわりが強かった私は、大学生になり、勉強そっちのけでファッション誌に夢中になりました。卒業まで待っていられないと、在学中からファッション誌の編集部で働くようになりました。

具体的な仕事内容は、各ブランドが開催する展示会で発売前の洋服をチェックし、世の中の流れやユーザー層を意識しながら、雑誌の企画内容と切り口を考えること。そこから洋服のコーディネートを作り、撮影、ページのレイアウト作成、原稿執筆、入稿、校了。この一連の流れを各スタッフと連携しながらまとめていく、ディレクター的な仕事です。

フリーランスになってから、ファッション誌だけでなく、ブランドのカタログやウェブサイトなど多方面に広がりましたが、やっていることは基本的に同じです。

一見華やかそうな仕事ですが、会社員時代は徹夜して会社に寝泊まりするのは当たり前。それでも一度も辞めようと思わなかったのは、死ぬほど服が好きだから。服が持つパワーを誰よりも知っているからこそ、みんなに伝えたい。

おおげさではなく、一年365日24時間のほとんどを服に捧げてきました。

そんな私に思ってもみない転機が訪れたのが、2016年。

当時の私のクローゼットには1000枚近くの服がありました。だって大の服好きでしたから、給料のほとんどを注《つ》ぎ込み、貯金どころか20代には借金もありました。流行《はや》りのものを身につけ、トレンドに敏感でいることは、ファッション業界人として当たり前。おしゃれな人とは、洋服をたくさん持っている人。一ヵ月に同じ格好をすることは二日となく、高い靴やいいバッグを持つことは何よりもステイタス。似合うものを着て、もっと素敵な人になりたい！

ファッション誌を地で行くような生き方をしていたと思います。

私が仕事を通して伝えてきたことは「この世の真理」だと、当然ながら疑うことなどありませんでした。

ところが、ひょんなことからフリマアプリ「メルカリ」に出会い、予想外に夢中になり、思ってもみない流れで、1000枚もの洋服を少しずつ手放しはじめました。捨てた経緯は、後述しますが、これほど洋服にしがみついてきた人間が、簡単に捨てられるはずがありません。

どうして私は、捨てられないのだろう。
はじめて自分の内側に目を向けたのです。

「おしゃれになりたい」の裏側にあった、自信のない私。欠けている意識が強く、足りない何かを洋服で埋めることに必死だった自分。洋服が好きすぎて見えなくなっていた、自分の本当の姿がありました。

さらにそれまで捉えきれていなかった自分の本音にも驚きました。

いつも同じ服を着ていたいし、できるだけ手を抜きたい。

別人になったのではなく、本来の気質が表に出てきたのだと思います。そんな自分を否定することなく、丸ごと肯定しよう。この私でいい。ファッションセオリーから逸れてもいい。外側の声には耳を貸さないで、ただ「自分の心地よさ」だけに従おう。

そうして、約50枚のミニマムワードローブを完成させました。
ある意味、型破りで、偏っていて、究極的なワードローブです。
けれども、私はこのワードローブをみなさんに真似していただきたくて、本書を書いたわけではありません。

長らく私は洋服を売る側の立場にいて、たくさんの情報を発信してきました。それが人々を迷わせ、焦らせ、洋服がないと素敵になれないと、苦しませているのではないだろうか。私自身、「ファッションとはこうあらねば」というルールが骨の髄まで染みついていて、服を手放すときも、ワードローブを作り上げるときも、ものすごく苦しみました。

世の中にどんなファッションルールが存在していても、従わなくてもいいんです。

おしゃれになろうとしなくていい。
似合わなくたっていい。
毎日似たような格好だってオーケー。

私が言いたいことはひとつ。
自分が心地よくいられることは、なんだって正解です。
どんな洋服も、あなたが選んだから価値があるのであって、そこにブランドもプライスも関係ありません。ワードローブのルールは、あなたの中にあります。

そんなことを伝えたくて、本書を書きました。

そしてもうひとつ。

服を捨て、本来の自分とリンクしたワードローブを手に入れてから、私の人生は予想もしない方向に動きはじめました。体の不調が治り、無理だと思っていた理想の働き方を手に入れ、都会を離れ大好きな山形に移住。こんな現実を生きることになるとは、自分自身が一番びっくりしています。服を捨て、心の声に従える自分になったら、自動操縦モードで変化していくのだと確信しています。

強調しますが、これは私だけに起きる特別な体験ではありません。この本を手に取ってくださったあなたにも起こることなのです。

捨てることはときに苦しい作業かもしれませんが、それを乗り越えた先にあるものに、どうかワクワクしてほしいと思っています。1000枚も溜め込むほど、人生を丸ごと洋服にかけてきたような私ができたのだから、大丈夫です！

私の「服捨て体験」が、あなたの役に立ちますように。

目次

第2章　1000枚捨てて、わかったこと

第3章　自分を縛る観念を捨てる

第4章　おしゃれの思い込みを捨てる

第5章　自分を全肯定する

第6章　クローゼットは「心地いい」だけで整う

第7章　服が教えてくれたこと

第１章

私が服を
捨てはじめたとき

ゴミが売れて、宝物が売れない

「メルカリでバッグが1万円で売れたんだよ。さっちゃんもやってみたら？」

はじめてメルカリの存在を知ったのは2016年。義理の父のひょんな一言でした。話を聞いた時点ではまだ服を売ろうという気はなく、もっとも興味をひいたのは、親世代がそんなに夢中になるアプリって何？　何が面白いんだろう？　ということでした。

とりあえずやってみるか。ふと目に留まったのは、家の中で埃《ほこり》をかぶっていたネイルです。残量は半分以上あるけれど、もう古いものだしなぁ。でも出品してみたら、3分も経たないうちに売れたんです。

「はぇ？」

衝撃的でした。私にとってどうでもいいものが高値で、瞬殺で売れた……！　当時はフリマアプリの存在が珍しく、市場規模が小さかったこともあり、早く高く売れていた印象があります。

うれしくなって次のネイルを出品してみると、また飛ぶように売れるわけです。コンビニへ発送に行っている間に、また次が売れ、またコンビニへ。気がつけば日が暮れていました。

うっかり、ハマってしまったのです。

個人商店を開いたみたいで、とにかく楽しかったんです。それに商品写真を撮って、文章を書くという出品作業そのものが私の仕事の延長みたいなもの。仕事で身につけた売るためのノウハウを思う存分発揮できるし、ちゃんと売上金という報酬もいただけるわけで、これはいい。それから「週末メルカリ」な日々がはじまりました。

大量のネイルを片づけたあと、次に着手したのが「靴」。クローゼットの中で、私の関心度が低かったものです。もったいなくて一度もはいていない靴を出品するところからスタートしました。

有名ブランドと人気アーティストのコラボモデル。手放すにはちょっと惜しい気もするけれど、高値で売れるに違いない。ワクワクしながら出品してみたら、予想に反していつまで経っても売れません。結局、売上金は1000円にも満たず、ショックでした。

私にとって「価値あるもの」が、世間からすれば「どうでもいいもの」。あんなに夢中で買いに走った私は一体なんだったんだろう？ 価値観が思いっきりひっくり返された瞬間でした。

それでもとにかく売れることが楽しくて、よし次を。こうして、1000枚近くあった服に手をつけたのです。その先に、私の人生を変える扉がありました。

今でも思うことですが、数枚の服だけで満足できる私になるなんて、思ってもみませんでした。

「捨てられない」からが本当のはじまり

ウォークインクローゼットに収まりきらず、隣の洋室までラックを並べて掛けていた1000枚もの服。我ながらものすごい数を持っていたと思いますが、その日のコーディネートを考えるのが苦ではなく、むしろファッションエディターたるもの、服持ちで当然。きれいとは言い難い、掛けてあるだけ、置いてあるだけの雑然としたクローゼットでしたが、困ることはありませんでした。

お金になるなら手放してみようかな。

最初は、もう絶対着ないと即決できる服から出品することにしました。ところが、どんどん「これは捨てられないな」というものばかりになってきます。あればいつか着るかもしれない。まだ着られるから持っていてもいいかな。着ないかもしれないけど、思い出があるし。

シーズンでよく着る服を「一軍」だとしたら、それ以外の、ただなんとなく持っている服が何百枚もあることに、気がついてしまったのです。

熱烈に好きか？　と聞かれたら、そうでもない。一軍に比べて、好き度が劣るなら売ってしまえばいいじゃん？　と思うものの、どうしても無理。お金になるとわかっていても捨てられない。そばにないと困る。そんなにどころか、もう着ないかもしれない服なのに、捨てられないんです。

いや、これは服の問題じゃない。

これを手放してしまったら自分の何かを失いそうで怖いのだ。

いやいや、服を一枚捨てたところで、私の家族や大切な思い出、身につけたスキル、経験だって何ひとつ失われないはずなのに、何をこんなにも怯えているのだろう。「私らしさ」も「私のよさ」だって、失うことはないはずなのに。だとしたら「服を手放してもなくならない、私のよさ」を書き出してみようと思ったんです。

自分のよさを服が見えなくしている

私のよさって何？

普段、自分を褒めたりしない私は、パッと思い浮かぶものが何もありませんでした。こうなったら友達や仕事仲間に言われてうれしかったことや、褒められたことを思い出してみることにしました。

「昼田さんってシャツが似合うね」

「かっこいいよね」

「ショートヘアが似合うよね」

こうやって書いてみると恥ずかしいですが、誰でもたくさんあります。おしゃれの

こと、容姿、性格、なんでもいいから自分のいいところをたくさん書き出したんです。そして、捨てられない服を手にとり、

「この服を手放すことで、シャツが似合うという私のよさは失われる？」

「いや、違う……」

「そうだよね」

「だったら捨ててみたら？」

手放してもいいと思えるまで何回もしつこく、自分と問答を繰り返しました。

一着が終わり、また次の一着。そうやって進めていくうちに、不思議と「服がなくても私は大丈夫なのかもしれない」と思えてきたのです。あんなに手放すことを恐れていたけれど、やってみたら私は、何も奪われていない。**むしろ捨てるたびに自分に強さが戻ってくるような、何かが内側にできあがっていくような感覚がある。**

捨てたところで、私のよさが何ひとつ失われないなら、服を手放せるはず。

だったら、一軍以外はすべて捨てていこうと、決意しました。なんとなく持っている服は全部捨てようと。

すっきり感をゴールにしたら「捨て上手」になった

私の手放し方は、「すっきり体感型」です。

最初にガッツリと服を減らしたとき、クローゼットの見た目もすっきりしましたが、何より気持ちもすっきりし、楽しくなってきたんです。不思議なことに、霧が晴れたように自分の思考までもクリアになっていることに驚きました。

こんなにモノに人は影響を受けているのか。

1000枚の服を大事に抱えて生きてきたけれど、実は毎朝見るだけでも余計なエネルギーを奪われていて、それがストレスだと気づいていなかったわけです。

それまで自分のクローゼットに対して、好きも嫌いも感情というものがなく、言ってみれば不感症。それが服を減らしていくうちに、クローゼットを見るといい気分になるし、はじめてポジティブな感情が生まれたことも大きな変化でした。

またすっきり感を味わいたい。

毎回掲げていたのは、こんな「小さなゴール」でした。今日ちょっとだけクローゼットをすっきりさせよう。いきなりフルマラソンを完走しようとするのではなくて、今日すっきりしたと感じるところまで走ろう。そんなイメージです。「今日手放せるモノはないかな」という視点でクローゼットを眺めて、間引いていきました。

一軍の服はともかく、なんとなく持っている服は簡単には手放せないから厄介です。**「まだとっておいてもいいかな」**と残す方に思考が働いたときは、**「これを手放せたら、どんなすごいすっきり感を味わえるか」と体感の方を優先させる**ようにして、捨てる決断をしていきました。

毎回繰り返したのはこれだけ。

コツコツやるのが苦手な私でも、飽きずに続けることができたのは、どれだけ手放せたかではなくて、「今日すっきりした！」というポジティブな感情だけをゴールにしていたから。毎回いい気分で終われたことで、また次もやろうと思えるんです。おかげで、時間があるときに無理なくクローゼットに向かう習慣がつきました。

気がつけば、すっかり「捨て上手」になってしまい、一軍の服まで侵食するようになったとき、ふたたび壁にぶつかりました。

はじめて気づいた「心地いい」の感覚

手放すことに抵抗がなくなってしまうと、普段着ている一軍の服まで簡単に手放してしまうようになりました。さほど稼働していない服を見つけると、〝捨てろ警察〟が発動してしまうんです。好きと思って買ったものもワクワク感が薄れてくると手放していいかな、となってしまう。クローゼットに入っては、すぐに出ていく服。一生こんなことを続けていくのかと思うと絶望的な気持ちになりました。

一体、私は何のために服を買っているのだろうか。

クローゼットに何を入れたらいいのだろうか。

もはや「好き」だけではクローゼットに根付かないわけです。つまりは、**すぐに捨**

てようとする自分を制止するためには、服それぞれに「好き」以外の「捨てない理由」が必要でした。

私は何のために、その服を持っているのか。

私はどうありたいのだろうか。

その頃の私は、人生で一番少ない服で過ごしていました。妊娠・出産と重なっていたこともあり、外出の機会が少なく、コーディネートはワンパターン。あれだけ毎日違う格好をすることにこだわっていた人間が、いつも同じ格好で過ごしていました。でもストレスじゃない、いや、むしろ快適じゃないか。服に悩まなくてもいいと、こんなに朝から気分がいいのか。思ってもみない自分の本音に戸惑いました。

それまで服を好きか嫌いか、実用的かどうか、高いか安いか、そんな基準で判断していたけれど、自分の奥には「心地いいか、そうでないか」というセンサーが存在していたのです。

心地いいとは、ホッとする感じ。少しも気負いがなくて、ラクで居心地がいい。

自分の中にあった安心できる場所にはじめて触れ、思ったのです。
私、ずっと無理して生きてきた。
自分じゃないことをしていたのかもしれない。

服を買っていたのは自分の欠けを埋めるため

ずっとあった「おしゃれになりたい」という気持ち。どう見られているかを必要以上に気にして、着ているものでその日の気分が左右される。「好き」を超えて、服に思い切り依存していました。ありすぎる服は、ずっと前から警報を鳴らしてくれていたのかもしれません。

そろそろ気がつきなさい、もっと本当の自分を見なさいよと。

どうしてこんなに服を買ったのか。

結局のところ、自分に自信がなかったのです。

昔から劣等感が強く、自分は欠けているという感覚がずっとありました。成績表に

10が並んでいても、「もっと自分の意見を伝えられる人になりましょう」という先生のコメントに落ち込んで、親に見せられませんでした。もっともっと頑張らなければ。平均点以上でもダメ、満点以外は価値がない。

社会人になって使えるお金が増えると、私の足りない何かを〝外側にある何か〟で埋めることに必死でした。高いレストランに行き、流行りのものに手を出し、仕事でイヤなことがあったときほど買い物に走りました。素敵なブランドの服を身につければ私はイケている、つまり価値のある私になれた気がしたんですよね。新しい服は、新しい自分になったような高揚感をもたらしてくれた。けれども劇薬の効果は長く続かず、何かの拍子に〝情けない自分〟が露呈するとまた服が欲しくなった。いつの間にかクローゼットから服が溢れ、服が持つ中毒性から抜け出せなくなっていました。

好きな仕事をしているはずなのに満たされず、何かが違う気がする。でも何をどうしたらいいのかわからない。服を捨てはじめる前の数年は、出口の見えないトンネルを彷徨《さまよ》っていました。

そんなとき服を手放しはじめ、捨てられない服を前に、私は人生ではじめて自分のことを褒めたのです。何度も自分のいいところを口にするうちに、自分には〝ある〟。この私でいいのかもしれない。**外側のキラキラしたものに憧れ、ずっとずっと手を伸ばし続けてきたけれど、私の中にもキラキラと光るものがたくさんあるのかもしれない。**もっと自分のことを褒めてやればよかった。

私は欠けてなどいなかった。人それぞれ「かたち」が違うけれど、誰かに揃えて同じかたちになる必要もなかった。そもそも「欠け」など存在していなかった。それは大きな気づきでした。

本音で生きる人生か、仮面をかぶった人生か

私にとっての「心地よさ」を軸にして、ワードローブを組み立てていこうと決めました。

「どういうおしゃれ」だと心地よいのかは、人それぞれ。私の場合は、

・コーディネートをできるだけ考えないようにしたい
・おしゃれはときどきでいい
・いつも同じ印象でいい

この自分の本音にワードローブを近づけていくことが、振り返ると一番苦しい工程だったと思います。おしゃれとはこうあるべき、こうしなければいけない、というセオリーが信念として私に染みついていたからです。言ってみれば、「私のありたい姿」とは、ファッションエディターとして世の中にお伝えしてきたことと真逆です。ファッション業界にいながら自分だけ逆走しているようで、後ろめたい気持ちがありました。

けれど、これからの人生を本音で生きたいか、また仮面をかぶって生きたいか。答えははっきりしていました。

「個」としての自分を大事にしたい。

服を手放すことで、信念や固定観念までも手放していく。

やり方はまた自己対話です。

「その服は何のために持っているの？」

「いつか使えそうだから」

「手放したら？」
「でも数が減っちゃうから手放せないなぁ」

手放せないと思ったときには、自分が大事にしている観念が必ず隠れています。このケースだと、「服は数がないと困る」という観念です。それが本当に自分のありたい姿に必要なのかを見極めていきました。捨てるぞ、とすぐに踏ん切りがつかないなら、やっぱり苦しいんです。進んでいくには、やっぱり「覚悟」が必要。腹を決めるということです。「自分の人生を歩んでやる！」という固い決意が私の背中を押してくれました。

観念は無意識の思い込みなので、自分と向き合ってまずは把握することが大事です。一枚捨てて、その観念がスパッとなくなるパターンと、手放し続けることで徐々になくなっていくパターンがあると思います。

自分を丁寧に見て、「心地いい」に従うだけでいい

もうひとつやったことは、「自分を丁寧に見ること」です。

今日クローゼットを見たときにどんな感情が湧いたのか。服を選ぶときはどうだったのか。選んだ服を着たらどんな気持ちで過ごせたのか。何が心地よくて、何が不快だったか。もっと深く自分の内側を見て、自分が感じていることを、丁寧に拾っていきました。

「心地いい」の裏側には必ず「不快」があるので、それを把握して取り除いていきます。たとえば、

・毎朝、コーディネートを考えるのが面倒
↓考えなくていいように、ボトムスだけは絞ってしまおう

・靴が決まらないのがイヤだ
↓はく靴を減らし、このボトムスにはこの靴と決めてしまおう

・可愛くても毛玉ができやすいニットはストレスになる
↓最小限のケアで、きれいな状態が続くものを次から選ぼう

こんなふうに、**「快」「不快」のセンサーに従っていくと、ざっくりしていた「私のありたい姿」が具体的になっていきます。**一般論だとどうとか、世間体を考えるとどうとか、他人の信念を採用する必要はありません。自分を丁寧に見て、たくさんの「不快」に気づいていくうちに、私の場合、最終的には次のような4点を決めることで「どうありたいのか」が明確になりました。

①仕事とオフのおしゃれのあり方

仕事もオフも一番好きなパンツスタイルだけに絞る。平日の仕事用パンツは3本くらいあればいい。

オフは動きやすいパンツスタイル。汚れてもいい格好で、おしゃれは気にしない。

②お金をかけてもいいところ

冬のアウターとシャツと仕事用のパンツ1～2本だけはお金をかけてもいい。

③コーディネート時間を省くところ

どんな日も迷う時間を減らすために、パンツと靴のセットを作る。

靴はパンプス、スニーカーなどタイプの違う3足にする。

④ケアの手間をかけてもいいところ

冬のアウターと一部のシャツ、仕事用のパンツだけ。他はイージーケアで済むものにする。

何を大事にして、何を大事にしないのか。クローゼットを整理するときも、新たに服を買い足すときも、これが指標になってくれました。すると、服それぞれに「どのくらいの期間」「どのくらいの頻度で」「どんなふうに使いたいのか」が自然とはっきりしてきました。つまり、「どうしてその服を持っているのか」の答えです。

・ワンシーズンでもいいから週3日はける、ケアもラクなパンツ
・2年を目安に、月1~2日着たい、ここぞというときの仕事用シャツ　など。

「着回ししたいから」「おしゃれしたいから」のようにあいまいな答えはありません。

こうして、なんとなく持っている服はゼロ。手持ちの服すべてに「役割」を与えている状態になったとき、私のワードローブはようやく完成を迎えていました。オールシーズンの総アイテムが約50枚ほど。ストレスがなく、毎朝クローゼットを見るだけでいい気分になれるのは「心地よさ」の集合体だからです。

「自分のあり方」とはライフスタイルの変化によって、どんどん変わっていくものだと思います。ここに記したのは数年前のもので、コロナや移住を経験し、私のワードローブは変わり続けています。**自分をとりまく状況や環境がどう変化しても、「心地よいかどうか」を頼りにすれば、必ずクローゼットは整う。**それはどこにもないオリジナルな型です。外側には絶対に答えはありません。一番大事なことは、あなたが感じていること。

あなたが「心地よい」と感じていることはなんだって正解なのです。

これが、思いっきりてこずって、右往左往して、何もかも手探りで、3年にも及んだ私の「服捨て体験」の結論です。

第２章

１０００枚捨てて、わかったこと

「捨てられないもの」が人生を詰まらせている

モノを手放して人はこうも変わるのかと、自分でも驚きます。ワードローブだけではなく、生き方、見た目まで大きく変化し、私は今、あの頃思いもよらなかった自分になっています。

ですから、**なんとなく持っている服はすべて手放した方がいい**、というのが私の持論です。それは、いつか着そうなもの／あれば着るかもしれないもの／もったいなくて捨てられないもの／思い出の服／限定品やブランドなどスペックに惹かれているもの／高かったもの／大切な人からのもらいもの、などです。どんな使い方をするかが具体的にはっきりしていないものは、役に立つどころか、あるだけで無駄にエネルギーが奪われ、イライラの原因になっているかもしれません。

簡単には捨てられないかもしれません。

けれども、私の人生が思わぬ方向に変化していったのは、「捨てられない」から一歩踏み込んだからこそ。紛れもなく、あれがターニングポイント。人生を変える分岐点だったと強く思います。


「捨てられないもの」こそが、人生を詰まらせている原因です。だとしたら、これを取り除けば、誰もが自分らしく望む人生を歩むことができる。そう、私のように！

だから大きな声で言います。

「捨てられないもの」から目を逸らさないでほしい。

無理だと思うその先へ、一歩足を踏み入れてほしい。

そしてそこに何があるのかを見てほしいのです。

「これを捨てたら困る」「捨てたらバチが当たりそう」「なくなるとダサいって言われ

そう」「楽しかった思い出が消えてしまいそう」「着こなしがワンパターン化してしまいそう」……いろいろあると思います。

これらの感情や思考の奥に、必ず「〇〇しなければいけない」「〇〇であるべき」という観念があるはずです。

捨てられないのは、服ではなくこの「観念」の方です。

「捨てられない服」は、「不要な観念があるよ」というサインを送ってくれているんです。不要な観念を捨てるから、思考が変わり、行動が変わり、人生が変わっていくのだと実感しました。今の私は、捨てられないものに出会ったらむしろラッキーと思ってしまいます。

他人に植え付けられた「こうあるべき」「こうでなければ」

なんとなく持っているだけなのに手放せないものを前に自己対話をすると、不要な観念をあぶり出すことができます。


「これを手放すとどうなる？」

――私はおしゃれではないと思われそうで怖い。イヤだ。

「なんでおしゃれではなくなるの？」

――たくさんの服がないとおしゃれできないと思う。

「本当にそうかな？　そうでなくてもいいんじゃない？」

こうやって自問自答をしていくと、必ず最初に出てくるのが「恐れ」と「不安」です。心がざわついたり、イヤな気持ちになったりと不快な感情が出てきます。それとセットになっているのが、「こうあるべき」「こうでなければ」という観念です。

人は幼い頃に親や先生が口にしていたことや、友達や仕事関係の人などまわりに言われたこと、環境、経験などから、さまざまな観念、思い込み、信念などを勝手に大事にしています。

これらは自分ではない「他人」によって植え付けられたもの。無意識のうちに絶対的な真実にしてしまっているんです。私も山ほどありましたが、自分にとって不要なものはすべて手放しました（第3章・第4章）。

本来ワードローブとは自由なもの。どうであっても、何を持っていても、どんな格好をしていてもいいのです。「〇〇でなければいけない」というルールなどひとつもないのです。

私のクローゼットに他人がいっぱい

「捨てる」とは自分のための行為。私が捨てたいのか、どうなのか。問うべきは私の心であって、他人が入り込む余地はありません。けれども買うときは、他人の目を意識していました。

「きちんとした人と見られたい」「できる人に見られたい」「おしゃれな人と思われたい」「あの人素敵よねって思われたい」……他人にダメ出しされないように、他人にいいね！　と言ってもらうための服がほとんどだったのです。

つまり、**自分でお金を出して「他人のための服」を買っていた**ことになります。他人とは、親や家族、友人、仕事関係者のような顔が思い浮かぶ存在もいれば、社会の目なども含まれています。

私のクローゼットに、他人がいっぱい！

そんなクローゼットを前にして〝自分らしいおしゃれ〟が見つからないのは当然の話なんですよね。「他人のための服」を追い出したいのに、またしても「他人に植え付けられた観念」に引っ張られ、手放せない。どれほどクローゼットを他人に乗っ取られていることでしょう。

「捨てる」とは、こうしてできあがった「他人のためのクローゼット」から「他人」を追い出し、「自分」だけを入れていくこと。外側に向けていたベクトルを自分に向けていく行為なのです。

また、「捨てる」とは「私が捨てることを選んだ」のであって、選ぶこと自体がパワフルなもの。「これがなくても私は大丈夫だから！」と世界に宣言していくようなものです。だから捨てるほどに自分を信じる気持ちが増し、自分にパワーが戻ってくるのだと思います。

1000枚捨てたら、見えないものも捨てられた

今、私が手にしたのは、愛おしくて仕方ないクローゼット。大好きな場所でもあり、家族のような安心感をもたらしてくれる場所です。多少散らかることがあっても、イライラするどころか、「そういうときもあるよね」と我が子に向ける視線と同じ。きれいでも雑然としていても、どんな状態かは関係なく、愛情しかありません。

一方、服を手放して、数も絞られているはずなのに、いまだにクローゼットの悩みがなくならない方もたくさんいらっしゃいます。相談を受けるたびに、どうしてなんだろう？　と疑問に思いました。

それは私が捨てたのは、服の形をとった「見えないもの」だから。

自分が無意識のうちにつけていた鎖。見えないけれど自分をがんじがらめにしていた観念や信念、思い込みをすべて手放したのです。

だからストレスが一切ないのです。もしも、どんなアイテムを残すかだけにフォーカスしていたなら、同じ境地に辿《たど》り着いていないと思います。

大事なのは、「何を残すか」ではなくて、「どんな観念を捨てたいか」。

服を捨てたのに、クローゼットの悩みがなくならない。それは、捨てた方がラクになれるものを、捨て切れていないからです。**何を何枚残すかとか、きれいかどうかなんて問題ではありません。どうか目に見えるものに囚われすぎないように。**

あなたが本当に欲しいのは、「すっきりしたワードローブ」ではなくて、「服のストレスがない毎日」ではないですか。

〝服捨て〟のゴールは、ワードローブが「本当の自分」と合致すること

ワードローブの整理がひととおり完成したとき、ありのままの「本来の私」と「ワードローブ」が同期したのだと思います。

以降、自動的に同期されるのか、服を持ちすぎるとイライラするようになり、サインが不調として体に表れるようにもなりました。まるで繋がっているかのようで、本当に不思議でした。

考えてみたら自分の心に従って辿り着いたワードローブは、言ってみればモノに姿を変えた「私自身」。「今の私」のうつし鏡が「今のワードローブ」なのです。連動していて当たり前なのだと思うようになりました。

いや、いつだってワイヤレスで繋がっていたし、いつだってイコールの関係なのです。服を捨てはじめる前、1000枚の服でごった返していたワードローブは、仕事に追われて余裕がなかった私そのものです。大切なものとそうでないものとの区別がつかないワードローブと同じく、私の人生においても大切にしたいものがわかりませんでした。

そう、**ワードローブはあなたが今どんな状態なのかを、教えてくれています。もっと言うならば、ワードローブに対して抱いている感情は、あなたの自分自身に対する感情とイコールです。**

ワードローブに好きも嫌いもなかった私は、自分自身に対しても無頓着でした。ごった返していても、こんなものだと見て見ぬふりをしてきたように、自分の内側を見ようともしていませんでした。けれどもワードローブに愛情を注ぐようになった今、どんなときも自分に寄り添い、優しい眼差しを向けるようになりました。

あってもなくても
どっちでもいい、の境地

「服を減らして、よかったことはなんですか？」

そう聞かれたら迷わず、自分の心を深く見る癖がついたこと、そして、服に対して執着がなくなったこと、と答えます。すっきりしたクローゼットは、私にとってはおまけのようなものです。

1000枚を捨て、少数精鋭になった私のワードローブ。そのひとつひとつが予定も天気も気にしなくていいのであれば、今すぐにでも着たいものばかり。そんなお気に入りを明日全部失うとしたら……!?

意外にも「ふ〜ん、そっか」という感じなんです。悲しみも動揺もなく、もう二度と買えないものばかりですが、まったくもって執着がないのです。

とてつもなく好きなのに、どうでもいい。

あってもなくても、どっちでもいい。

この不思議な感覚、伝わりづらいかもしれません。服がものすごく好きだけど、極限まで減らして、なくなっても大丈夫な状態を経験したからかもしれません。こうでなくてはいけないというエゴもありません。**服に頼らなくてもいい自分へと進化させたんです。**だから究極のところ、着られたらなんだっていい。これから死ぬまで服に悩むことから解放されたわけです。

そう、私は、服から自由になったのです。

かつての私は、「ファッションは自由だ！」と言いながら、常に他人の目に囚われていました。毎日いろんな格好を繰り広げていたわりに、まったく自由じゃなかったんですよね。

そして今。服でカッコつけたい気持ちもなければ、よく見られたい気持ちもないし、大事なのは未来でも過去でもなく「今の私」が服とどう付き合いたいかだけ。ようやく本当の意味で「おしゃれの自由」を手にしたのだと思います。

「捨てたら入ってくる」は絶対法則

「捨てたら入ってくる」

ウソでしょ？　と思うかもしれませんが、これは絶対法則だと確信しています。

それは服を手放しはじめた2016年のこと。私のクローゼットにあった仕事の資料が入った段ボール。何年も手つかずの状態でしたが、いつか使うときがくるかもしれないからと、ずっと捨てられませんでした。けれども勇気を出して捨ててみたら、次の日、妊娠が判明しました。

さすがにびっくりしました。

最近になって、近藤麻理恵さん（こんまりさん）の『人生がときめく片づけの魔法』を読んで答え合わせができました。「断言します。手放したモノとまったく同じ分だけ、戻ってきます」とありますが、私も同感です。

加えるなら、実は観念という**「見えないもの」を捨てているのだから、「見えないもの」として入ってくることの方が多い**と実感しています。

・仕事で朗報がきた！
・ちょうどキャンセルが出た！
・いい情報をキャッチできた！
・気になっていた人から連絡がきた！

こんなふうに「朗報」「いい情報との出会い」「ご縁」など、注意していないと見落としてしまうようなレベルのものが多いです。でも、ちゃんと入ってきています。

だから、今でも何か手放せないなと思ったときは、この言葉を呪文のように唱えるようにしています。服捨てがうまく進まなかったあの頃の私にも、言いたいです。

「捨てたら必ず必要なものが入ってくる」

手放せないモノがある人こそ超ラッキーです。捨てたら入ってくる。手放せないと執着が強いものほど、ものすごいものが！

私も100％保証します。

第３章

自分を縛る観念を捨てる

「なくなる不安と恐れ」を捨てる

服を手放せないとき、接着剤になっているのは「不安と恐れ」です。

服に限らず、何かを手放せないと思ったときに最初に出てくる感情がこれです。たとえば、私の場合、「服が減るとおしゃれじゃなくなる」「ワンパターンな人に見られてしまう」という恐れがありました。ファッションエディターなのにそれでいいのかと思うと、一歩が踏み出せませんでした。

乗り越えるためのおすすめの方法は、それを手放したときに、実際に何が起こりそうか、不安ごとを書き出してみることです。

・まわりからツッコまれて恥ずかしい思いをする
・おしゃれじゃない、のレッテルを貼られる
・いつも同じ服で不潔な人と思われる

書き出してみると、案外どうでもいいことだったり、自分でも「それほんと〜!?」とツッコみたくなる内容だったりします。だから書き出して客観視してみるのがおすすめです。**頭で考えるだけだとモヤモヤしたままですが、何を恐れているかを文字にして把握するとすっきりします。**

そして不安ごとは現実になったときに考えよう、が一番の対処法です。

今、私は究極にワンパターンな格好しかしていませんが、蓋を開けてみれば、誰にもツッコまれていないし、ワンパターンな格好が原因で仕事に影響したこともありません。むしろワンパターンだと公言できて、ラクになったことがたくさんあります。

そう、不安も恐れも、勝手に自分が描いている「幻想」です。まだ起こっていない未来をそうなると決めつけているだけなのです。

「処分する罪悪感」を捨てる

服を手放すきっかけがメルカリだったこともあり、当初から私は自分を「中継所」なのだと考えていました。手放すことにしたアイテムは私のところに来たことに意味があったと捉えて、できる限り次に回していくことを意識していました。

一般的にフリマアプリやリサイクルショップだと定価よりも安い価格で販売されていることがほとんどです。新品だと価格がネックになって買えなかったアイテムを手に入れるチャンスができたり、着てみたかったアイテムにトライしやすくなったりします。また、近くに店舗がなくて直接買いに行けない商品との出会いがあるかもしれません。そう考えると、いったん誰かの手に渡ることで広がるご縁もあるのだと思っています。

メルカリでは、シミや汚れを落とし、アイロンをかけ、丁寧に梱包して発送するのですが、お嫁に出すような気分です。自分にとって不要なものでも、誰かには喜んでもらえたことがうれしくて、手放しやすくなりました。たとえ数回しか着ていなくても「私のところに来てくれてありがとう」と言って、一番いい状態にしてから手放します。終わりよければすべてよし、ではないですが、理想的なさようならの形がとれたことで、私自身も前に進むことができたと思っています。

すべてが売れるようなものとも限りませんが、私ができることは「感謝」と「次に繋げること」。できる限り、その命をまっとうさせたいと思っています。具体的には、

・メルカリなどのフリマアプリで売る
・リサイクルショップに持っていく
・ブランドの回収サービスを利用する

・ウエスにして再利用する　など。

「モノは大事に使わなければいけない」「モノを捨てるとバチが当たる」などの観念があると、捨てることに躊躇《ちゅうちょ》してしまいます。これを自分仕様に書き換え、**「モノとは濃厚に付き合えばいい」「モノは捨てないとバチが当たる」と考えることにしました。**モノには心があって、持ち主の役に立ちたいと思っています。使わないのに手元に留めておくことは、モノに対する嫌がらせ。**自分とは縁が切れてしまったなら、必要とされている人のところに回していく、あるいは生まれ変わってもらう。**大事に思う気持ちがあるからこそなのです。

「気持ちが変わることへの罪悪感」を捨てる

「これ好き！」と思って買ったはずなのに、「あれ、もう気分じゃないかも……」となってしまうこと、私は今でもあります。

でも、絶対に自分を責めません。とてもポジティブな気持ちで「そうか、私は変わったのだ」「私はアップデートしたのだ」と捉えるようになりました。服を買った当時よりも前進したから生まれる違和感であって、次に進むサインだと思っています。

人は変わっていく。人の気持ちも変わる。細胞だって日々入れ替わっていくわけで、変わることはとても自然な流れ。罪悪感は必要ないのだと思っています。

たとえば、今日欲しいと思ったものが、明日も欲しいとは限りません。オンラインショップで商品をカートに入れっぱなしにしていて、買い忘れのメールがきた頃には「もういらないかな」と気持ちが変わっていた経験はありませんか。気持ちはそのときどきで変わっています。

そのことに気がついてから、長く使えそうな服だから買おうと思うことが一切なくなりました。それなりの価格だったから最低でも5年は使おう、ということもありません。だって、5年後の気持ちなんて絶対にわからないですから。

買うときの無駄な誓いをやめ、使用期間は長くても2年と考えることにしました。たとえば冬のコートなら、今シーズンと来年使いたいものかどうか。結果的に3年以上着ているアイテムもありますが、それはそれ。

長く使うことに執着しなければ、気持ちも軽くなり、いつまで着るかわからないのだからちゃんと服と向き合おうという気持ちが湧いてきます。まるで期間限定の恋愛みたいに「よし、楽しんでやる!」という気持ちになるんですよね。

どれだけ使うかよりも、どんな気持ちで付き合うか。**「期間」より「濃度」の方を大事にしています。**

「服を買う罪悪感」を捨てる

服を減らしているのに、買ってしまう私。買ったそばから罪悪感に苛《さいな》まれることもありました。自分の内側を掘ってみると、断捨離に対する思い込みがあって、それらが「正解」になってしまっていることに気がつきました。たとえば、

・断捨離した人は、服を長く大切に使っている
・断捨離した人は、モノをしょっちゅう買わない

こういう思い込みに自分を当てはめようとするから、罪悪感を持ってしまうわけで

す。いやいや、ちょっと待てよと。一般論はそうかもしれないけれど、自分の気持ちが軽くなる考え方をしたいと思ったんです。そこで、

・断捨離した人は、服と濃密に付き合っている
・断捨離した人は、モノを買っても排出できている

と、上書きしてみたんです。

私にとってはどれだけ服と長く過ごしたかという「期間」よりも、どんなふうに服と過ごしたかという「濃度」の方が重要。週にたくさん着る服もあれば、一度も着ないでただニヤニヤして眺めるだけの服もありますが、一枚一枚に「ワードローブでの役割」を与えて丁寧に向き合います。できる限りホームクリーニングをして服に負担をかけず、相思相愛の関係性でいること。長く付き合った恋愛は価値があって、短い恋愛は価値がない？　真剣に付き合えたなら期間は関係なく、何か学びがあると思っています。

新しいものを買うことで自分を責めないように。**吐いて（捨てて）、吸う（入れる）ことができるワードローブは「呼吸できるワードローブ」。とても健康的なのだと捉えています。**買ってばかりで溜め込むワードローブは不健康ですが、不要なモノを排出できるならオーケー。

服が好き。服を買うのも好き。そんな自分を責めないでいられるように、「服との付き合い方」も私らしくあっていいのだと思っています。

「プレゼントを使わない罪悪感」を捨てる

誰かからのプレゼントで、喉から手が出るほど欲しいものだったという経験は少ないです。家族からもらうものでさえそう。事前にオーダーしなければ、自分の好みと違っていることがほとんどなのに、申し訳なくて手放せない。大切な人にもらったものほど、簡単には手放せません。

そこで「プレゼントされたものは試供品」と捉えるようにしました。あくまでも「他人が好きなもの」をおすすめしてくれているのだ。服だけでなく、おみやげもそう。試してよかったら使うけれど、使わなければいけないわけではありません。

自分が誰かにプレゼントを贈る場合も、「試供品」だと割り切ってしまえば、もしも使っていないことが判明しても落ち込まなくて済みます。

私は服を捨てはじめるまで、本当の自分というものに背を向けて生きてきました。いかに自分を把握したつもりになっていたか。つまり、自分だって自分のことをよくわかっていないのだから、どんな身近な人であっても、他人に自分のことなどわかるはずがない。プレゼントとはミスマッチが大前提なのだと思っています。

もしも「プレゼントは他人からの愛」だと捉えているとしたら、手放しにくくなります。関係性に影響を与えそうで怖くなります。けれど、愛は目に見えないもの。つまり、**プレゼントとは自分を想ってくれる気持ちが形になったもので、「気持ち」だけ受け取ったら「モノ」の役目は終わっています。**モノを手放したところで、自分が相手を想う気持ちは一ミリも変わらないですよね。モノをくれるあなたが好きなのではなくて、モノをくれなくてもあなたが好き、ですよね。

#「おしゃれでなければならない」を捨てる

「おしゃれになりたい！」

ファッションエディターの仕事に飛び込んだ大学4年生のときからずっと思っていました。編集プロダクションのアルバイトからスタートしましたが、人手が足りず、アシスタント期間もそこそこにひとり立ち。〝習うより慣れろ〟というスパルタ上司のおかげで、いち早く経験は積めたけれど、当時は心底キツかったです。編集業務のイロハも理解できていない人間が、いきなり経験豊富なプロフェッショナルの輪に入るわけですから、プレッシャーで眠れないこともよくありました。当然、いいディレクションができるはずもなく。できあがった写真に対して、デスクが言い放った言葉は、22年経った今でもしっかりと覚えています。

「こんなダサいページを作るのは、あなたがダサいからよ！」

その日を境に「なんとしてでもおしゃれになろう！」と決意したわけです。「ファッションエディターはおしゃれでいなければいけない」という思い込みを持ってしまったのもこのときだったと思います。おかげで新築の家が買えるほどの金額を、服代に費やしてきました。

私の着るものは、名刺代わりであり、服の多さは、キャリアそのもの。

ですから服を手放しはじめたとき、仕事に影響が出てしまうだろうという「恐れ」が強くありました。その恐れを把握した上で、もういいやと覚悟を決めたのです。

私は、ダサいと言われてもいい。素敵だと言われなくてもいい。自分の評価が下がっても構わない。

腹をくくると、今度は開き直りの精神が出てきます。もう私はダサい人間に成り下がったのだ。そもそもダサいのだから、何を着てもいいやと。

この立ち位置になったとき、自分にかけていた制限がなくなり、真の自由を手にしたのだと思います。

そもそも私はダサいのだから、着たいものを着てやろう。毎日同じような格好でもいいや。非難されてもいいのだ。

服を買うときにも「どう見られたいか」が一切なくなったのです。自分の心が本当に欲しいと思ったものを、誰の評価も気にせず買えるようになっていました。だって私はどう足掻《あが》いても、そもそもダサいのだから。

気がつけば、自分なりのOKルールがたくさんできていました。ボトムスは動きやすいパンツだけ、数は3本くらいでいい。靴は消耗品と捉えプチプラにしよう。バッグは軽いコットンバッグだけでよし。シャツは好きだからたくさん持っていいようなど、どんなOKルールもあり。だって私はダサいのだから。

以前の自分は意識が「外」に向いていて、いつも誰かにおしゃれに見られたいという気持ちがあったけれど、今の意識は「自分」に向いているのが大きな違いです。ただ自分にとって心地よい格好ができれば、誰に何を言われても構わないと思えるようになりました。

そもそもダサいと思っているから、ダサいと評価されても「そうよね〜」と無駄に落ち込むこともありません。

不思議なことに必死で追いかけていたときには「おしゃれ」と一切評価されませんでしたが、服がなくなったら私のことを「スタイルのある人」と褒めてくれる人が現れたんです。手放したら欲しかったものがやってきた。だから言います。

「おしゃれになりたい」はさっさと捨ててしまおう！

「他人からおしゃれと思われたい」を捨てる

片づけの終盤まで手放せなかった観念が「いろいろ着たい」でした。

その裏側にあったものは、「おしゃれな私をアピールしたい」「おしゃれで優越感を感じたい」というすべて他人の目を意識したものでした。

この観念とはずっと攻防戦を繰り広げていたわけですが、稲垣えみ子さんの本を読み、やっと決別することができました。

自分に「一番似合うもの」は一つしかない。それを毎日着たらいいじゃんよ。それをしているからリヨネーゼ（*）たちはおしゃれなのだ。

なのに、なんで私、（中略）どうして「二番目に似合うもの」「三番目に似合うもの」をわざわざ持ってきたのか？

答えは明らかで、あれこれバリエーションをつけることで「おしゃれな私」を人様に印象づけようと考えていたのである。（中略）私ってなかなかおしゃれでしょ、みたいな自負が、なんともブヨブヨとみっともないのである。（＊フランス・リヨンの女性たちを指している）

（稲垣えみ子著『人生はどこでもドア　リヨンの14日間』より引用）

あれほど迷っていたくせに、未練は一切ありませんでした。

だって、他人のためにおしゃれでいようとする自分です。他人の評価は人によっても、日によっても変化するものなのに、そんなフワフワしたものに振り回されている自分。なんだかバカバカしい。他人に照準を合わせた人生なんてもったいないじゃないですか。他人の評価から永遠に自由になりたいと強く思いました。

一体私は誰におしゃれと言ってもらいたいのだろう。だったら私は自分で言おうと思ったんです。

「今日もいいじゃん、私っていいじゃん」

何を着たって私は私。どんな私であっても、私の素晴らしさは何ひとつ失われることはない。**大切なのは今日の格好を誰かに褒めてもらうことではなくて、自分が満足していること。**頭のてっぺんからつま先まで、私という存在のすみずみに「いいね！」をつけてやろう。どんなときもベクトルを「外」ではなく、自分に向けよう。

「過去への執着」を捨てる

ご褒美に奮発して買ったもの、記念日など大切な思い出が詰まったアイテムは、なかなか捨てられないもの。私の場合は、仕事を頑張りたくて買った高価なジャケットが、手放せませんでした。

けれど、その服自体に意味があるのではなくて、服をフックにして、

- あの頃の私は、楽しかった
- あの頃の私は、頑張っていた
- あの頃の私は、自分が誇らしかった

という**過去のいい感情を味わいたいから、手放せなかったのだと思います。**そこにとどまっていたいという「過去への執着」です。人間は変化を恐れる生き物だから、何が起こるかわからない「未来」よりも、過去のよかった記憶に触れている方が安心なのです。

楽しい／頑張っている／誇らしいなどのいい感情は、今この瞬間にその服がなくても味わえるものです。つまり、思い出の服は不要です。

もう着ないアイテムなのであれば、縁は切れています。長くクローゼットで日の目を見ていない服は、血の気がなく独特の空気を纏《まと》っていて、まるで廃墟のよう。そんな服がクローゼットにいい影響を与えるはずがなく、まわりの服にも伝播していくでしょう。だから、縁が切れたアイテムは廃墟化する前に早めに手放すのが一番です。

「他者からの評価に一喜一憂する」を捨てる

服を買いまくり、おしゃれがすべてだった私の服への執着は今、ごっそりとなくなりました。もちろん「服が好き」という気持ちは変わりませんが、おしゃれだと褒められることを目標にすることがなくなりました。で、ふと思ったわけです。

あんなに私が執着していた「おしゃれ」とは一体なんだったのか。

その答えが出たのは、『服と賢一　滝藤賢一の「私服」着こなし218』を読んだときでした。

男性ファッション誌でも特集が組まれるほど、おしゃれアイコンとして知られる俳優の滝藤さん。柄物トップスに柄物パンツという個性的なアイテムを難なくまとめ上げる独特のセンス、すごいなと思います。シンプル派の私からしたら正反対です。

パラパラめくりながら、私が真似できそうなコーディネートを探してみたら、唯一発見できました。グレーのTシャツにグレーのデニムパンツという格好。これなら私もトライできそう！　ところが、写真の見出しには、

「なんか物足りないなぁ…」

と滝藤さんのキモチが書いてあるわけです。

ハッとしました。

たしかに、滝藤さんのようなこってり派からしたら私の服装は、つまんないでしょうし、おしゃれしている部類にも入れてもらえないかもしれません。同じように、あっさり派の私からしたら、滝藤さんの格好は失礼ながら「やりすぎ」と言えるかもしれない。

でもね、あっさり派もこってり派も、どちらもあっていいと思いませんか。ハンバーグソースにたとえるならどっちも正解。なのに、どっちが美味しいかという論争を繰り広げること自体がナンセンスですよね。

服も一緒です。

「おしゃれ」か「おしゃれじゃない」か。視点が違えばどっちにもなりうるのです。おしゃれに上も下もない。他者の勝手なラベリングに一喜一憂しなくていいのです。

私と滝藤さん。服のテイストは違うけれど、共通していることがあるとしたら、自分の価値観で選び、着ているものに満足していること。そして、他人に評価を求めていないところかもしれません。

もしも誰かに「ダサい」と言われてもいいんですよ。私は私だから。

第4章

おしゃれの
思い込みを
捨てる

「似合う服を着る」を捨てる

「自分に似合うものがわからない」という声をよく聞きます。

それは「似合うものしか着てはいけない」「着るなら似合う服がいい」という世間の刷り込みからきているのだと思うのですが、今の私は、正直なところまったく気にしていません。

「昼田さんは、似合う服を着ているからそう思うんです」と言う方もいらっしゃるかもしれませんが、似合う服だけをクローゼットに入れなきゃいけないなんてまったく思っていません。それよりも自分が〝しっくりくるもの〟を。大事にしたいもの、手をかけてでも一緒に過ごしたいものが私のクローゼットには入っています。

「似合う／似合わない」を意識しなくなったのは、パーソナルカラー診断が影響しています。私はウィンターです。４タイプの中で一番黒が似合うらしく、黒が好きな私は自信をもらった一方で、茶系は苦手と聞いて納得できた部分もありました。

でも振り返ってみると、いわゆる似合わないとされる服を私は堂々と着ているんですよね。避けた方がいい色で全身コーディネートしていたこともあります。つまり、似合わない服を、私は似合うと思って疑いもなく着ていたわけです。

「似合う／似合わない」ってそんなに大事なことなのかな。

私がしっくりきていればそれでいい。**「似合う」と思って買ったものでも顔立ちや体つきは毎日少しずつ変わっていくのだから、「似合わない」は明日くるかもしれない。でも着たいから着る。自分がよければいいんです。**

けれどもクローゼットには「正解な服」しか入れてはいけない。間違ってはいけない。似合わない服は入れてはいけないのだとしたら窮屈な話ですよね。

「似合う／似合わない」は、ただの意見です。他人の意見は、人によっても日によってても変わっていくものです。他人の意見に背中を押してもらうこともあるけれど、振り回されないように。似合っているかどうかは、着る人が決めればいいと思っています。そんなことよりも着たい服を堂々と着る。これが一番です！

「おしゃれな服を着ればおしゃれ」を捨てる

この仕事をはじめた21歳のときからずっと考え続けてきたのが「おしゃれに見える決め手は何か」。同じ服を着ても「素敵に見える人」と「そうでない人」の違いは何なのだろう。「似合う」「似合わない」では説明がつかない、人が素敵に見えることの正体にあるとき気がつきました。

それは「ヘアスタイル」でした。

何を着ているか、顔立ちや体型も関係ありません。あの人素敵！　という印象は「ヘアスタイル」が決めています。**カットの上手な人に切ってもらったヘアスタイルさえあれば、もうどんな服だってそれなりに見えてしまうのです。**逆を言えば、髪がボサボサで整えられていないと、たとえ全身をハイブランドで固めていても残念な印象になってしまうかもしれません。

どうしてこんな結論に至ったかと言うと、服を手放していた最中、ちょうど妊娠・出産と重なったこともあり、いっそ買わずに過ごすことを決意。半年間、持っていたシャツワンピースとビッグシャツだけで乗り切りました。

服がないと素敵に見えないと思っていた当時の私からすると、今っぽい服を着ないなんて「私はダサい！」と割り切って仕事に行っていました。ところがビッグシャツにスキニーデニムというなんてことのない格好なのに、なぜか褒められるんです。なんでだろう？

よくよく考えてみると、当時、唯一やっていたことがこまめにヘアサロンに行くことでした。**いろいろな服は着ないけれど、ヘアスタイルには気を使おうとヘアサロンだけはちゃんと行っていました。**

「そうか、髪か！」

服じゃない。ヘアスタイルがおしゃれの印象を決めていたのか。

ふと、過去の記憶が蘇ってきました。

ファッション誌のスナップ企画で、街角に立ち、おしゃれな人を見つけては写真を撮らせてもらったことがありました。そのとき声をかけた人というのが、なぜか狙ったように美容師さんやカットモデルばかりでした。

それから、おしゃれアイコンとして知られる人気の女優さんとお仕事をご一緒したときのこと。写真を撮るにあたり、ご本人がもっともこだわっていたのがヘアスタイルでした。全体を一度コテで巻き、頭を逆さにしてぐちゃぐちゃにするのを見て驚きましたが、そのあとには根元がふんわりと立ち上がり、女らしくて無造作風のヘアスタイルが完成していました。インタビューで「髪型は顔の額縁なので、メイクよりも大事です」とおっしゃっていた真意をようやく理解できました。

どれもこれも「素敵かどうかの印象はヘアが決める」と考えると納得できることばかり。もうすべてが腑に落ちたというか、自分の中に強い確信が生まれたのです。

「全身くまなくコーディネート」を捨てる

「素敵かどうかの印象はヘアスタイルが決めている」。言い換えれば、ヘアスタイルにだけ気を使っていればいいということになります。他人から賞賛されるほどのおしゃれは必要ないけれど、最低限の身だしなみには気を使っていたい私からすると、力の入れどころがわかって、ものすごく気持ちがラクになりました。と同時に服離れが一気に進みました。

かつての私は、服からアクセサリー、靴、バッグまで全身にくまなく神経を使ってトータルコーディネートしていたわけですが、非効率なアプローチだったことに気がつきました。時間もエネルギーも無駄にしていたわけです。服を減らしてからは、もっとも少ない労力でいかに服に気を使っている風に見せるかという「省エネなおしゃれ」を極めていくことにしました。服を手放して見つけた本来の私。服を着替えるのも面倒に思うほどズボラな性格で、できるだけラクしたい。そんな自分に一番優しいあり方が、「省エネおしゃれ」だったのです。

服だけでなくメイクするのも実は面倒。けれど相手には不快感を与えたくないから、あるときアイメイクのかわりにアイウエアを、チークのかわりに大ぶりのピアスと赤リップをしてみたら、時間をかけずともそれなりに見えることを発見。偶然の産物が今となっては、すっかり私のトレードマークになってしまいました。フルメイクに一生懸命だったかつての自分を思い出すと、これもまた省エネです。

頑張れば頑張るほど、欲しいものから遠ざかる。力を入れるところとそうでないところ。そのメリハリが違和感となり、人の目をひくのかもしれません。

「シンプルな服は地味になる」を捨てる

　仕事でスタイリストが作るコーディネートをチェックすることがよくあります。誌面やウェブに掲載するとなると、いかにキャッチーで見栄えのいいコーディネートにするか。シンプルな服であれば、柄物アイテムやアクセントカラーを足して華やかにしてほしいとスタイリストにオーダーすることもありました。そう、シンプルな服は寂しい、地味になってしまうというのが大前提としてあったわけです。

　はたしてそうなのか、断捨離中に疑問を抱きました。

　前述したとおり「素敵かどうかの印象はヘアスタイルが決めている」という法則を発見したとき、「ヘアとは、すでに自分にあるもの。だとしたら、人はたくさんのものを足していかなくても素敵に見えるのでは？」と思ったのです。そこで実践してみたのが、「引くおしゃれ」です。柄のないシンプルなアイテム、色使いはワントーン、黒やネイビーなどの地味な色のみで、自分以上に服がでしゃばらないように。これは今の私の基本スタイルになっています。

実際にやってみて、華やかに見えないだろうと思っていたら、そうでもないんです。顔やまくった袖からのぞく素肌の色がアクセントカラーになってくれ、髪の毛につけたヘアオイルがツヤ感になり、メリハリを作ってくれているではありませんか。鎖骨や手首、足首の華奢なパーツが女らしさを足してくれている。そう、**すでに自分の中に活かせるものがあったのです。無料で、オンリーワンなものが！** 足すことばかりにフォーカスしていたら気がつかなかったことです。引いてみたからこそ、あるもので工夫するという視点も生まれます。

私の中にずっとあった「シンプルな服だと華やかに見えない」という観念を手放しました。服に多くを語らせないように、最低限の飾りつけはあってもできるだけシンプルに。今の私は物足りないくらいでちょうどいいと思っています。

「公園おしゃれ」を捨てる

ワードローブを自分の本音に近づけていく工程の中で、たくさんの思い込みに気がつきました。

・公園でもおしゃれなママでいよう！
・服にお金をかけなくてもバッグはいいものを持つべき
・おしゃれは足元から
・シンプルな服は小物でアクセントをつけよう　など。

自分が伝えてきたルールに、私が一番がんじがらめになっていました。

自分が心地よいと感じること以外、すべての観念を手放そう。

そこで、自分の気持ちがラクになるよう観念を書き換えていきました。

たとえば、「公園とはおしゃれを競う場所」ではなくて、「公園とは〝ダサい〟を競う場所」としてみます。心がふっと軽くなって、広がるような感じがしたんですよね。**ラクになったのなら、これが私にとっての「正解」です。**

それ以来、公園に行くためのアウトフィットは、一切気にしないことにしました。動きやすくて、どろんこの娘をいつでも抱っこできて、帰ってすぐ洗濯機にポイっとできるものが一番。夏は日除けのための目深なハットもアームカバーもマストです。全身のバランスがどうとか、配色がどうとか、まったく気にしていません。家族にツッコまれるくらいアンバランスな格好のときもよくあります。そう、私が一番地味で、一番ダサいけれどいいのです。

観念を自分仕様にどんどん書き換えていく。あなたが心地よくいられるなら、なんだって正解なのですから。

「いい服を着たい」を捨てる

「いいものを長く使う」という考え方があります。

ある日、服を手放しながら、「今度買うものは長く使えそうないいものにするぞ」と思いました。そうして一流ブランドや目利きが選んだいいもの、作りのいいものを信じて買ってみましたが、結局のところクローゼットに根付きませんでした。確かに商品としては素晴らしい価値があるんです。だけど、小さな子供がいる私のライフスタイルでは気軽に使いづらかったり、ケアに手間がかかりすぎたり……。

ここからはじまったのが、「いいもの、いい服ってなんだろう？」という疑問です。「いい服」とは一流ブランドのものを言うんだろうか。

「いい服」とは作りのいいもの？

ずっと自分が納得できる答えを探し続けてきましたが、ようやくひとつの結論に達しました。

私のヨガ歴は10年。とは言っても軽い趣味レベルで、月に4回ほどです。本格的なウエアを買うのがもったいなくて、Tシャツと1900円のレギンスという家着のようなウエアを何年も愛用していました。

それがある日突然スイッチが入ってしまい、もっとヨガを深めたいと毎日取り組むように。本格的なヨガウエアに買い替えたいと思うのも自然な流れでした。

選んだのは、ヨガ愛好者にはお馴染みのルルレモン。定番のレギンスをはいた瞬間、

「うわ、何これ！」

肌に吸い付くかのようにピッタリとフィットしながら、どんな動きにも追随してくれるパフォーマンスの高さ。よく見れば縫製にも工夫がしてあって、膝を曲げたときに広がる太ももが苦しくない。すごい、このレギンス！

すると、ヨガのポーズも変わったのです。

肩まわりが大きく動かせるようになり、膝が深く曲がるようになり、自分でも知らなかった体の力を引き出してくれました。できる動きが増えると自信になり、変わっていく体を見ることがモチベーションになり、ウエアが与えてくれた効果は計り知れませんでした。

おまけにスーパーハイライズシルエットのおかげで脚が長く見えるんです。自分の体を一度も好きと思ったことがなかったけれど、「なんかいいかも」と思えたのもはじめての体験でした。

人の体も、モチベーションまでも変えてしまう服。

ルルレモンは間違いなく「いい服」でした。

でも同じレギンスで比較するなら、以前まで使っていた1900円のレギンスだって動きやすく、速乾性や洗濯耐久性もあって、月4回しかはかない私には十分に「いい服」だったんですよね。コストパフォーマンスだって最高です。

そうか、いい服とは「自分にとって都合のいい服」でいいんだと思ったんです。

一流ブランドだからとか、名の知れた名品だからとか、そんなことは一切関係ありません。**まずはっきりさせないといけないのは「私がどんな使い方をしたくて、何を大事にしているか」であって、それに応えてくれる服が「いい服」「ベストな服」なのです。**

自分が変化していけば、「いい服」の定義も自ずと変わっていきます。

そんな自分の気持ちを深く確かめることなく、ブランド名や知名度、誰かのレコメンドに惹かれて購入したものがクローゼットに根付かなかったのは、ごもっともな話。だって自分ではなく〝誰かにとって都合のいい服〟なんですから。

万人に共通する「いい服」など存在しないので、誰かのお墨付きを頼りにしすぎるのをやめました。だって使うのは私だから。試して失敗したらそれでいいんです。「いい服」かどうかは、いつだって私が決めればいい。

あなたの「いい服」は、あなたが決めていい。

「カラーコーディネート」を捨てる

できるだけラクしたい。

服捨て中に気がついた自分の本音に寄り添おうとしたとき、いちいち色の組み合わせを考えるのを面倒に思いました。そこで、上下同じ、もしくは似ている色を合わせるワントーンコーディネートに徹しようと決めました。しかも黒やネイビーなど地味な色だけに絞ってみました。

言ってみれば、「配色を捨てた」わけです。

でも野暮ったさは回避したい。どうしたらいいものだろう。

ふと思い出したのが、**「上下の質感に差をつけるほどおしゃれに見える」**という法

則でした。

もう随分前のことになりますが、雑誌で「シンプルなのに素敵に見えるのはなぜ？」というファッション企画を担当したときのことです。「〇〇をやったら素敵に見える」という絶対法則があるに違いないと思って、ひたすら研究していたことがあります。いろんなコーディネートを並べてはおしゃれと思ったものに共通項を見出していきます。配色、シルエット、アイテムの組み合わせ、肌見せの分量……一体何が決め手になっておしゃれに見えているのかを調べました。そのとき摑んだ法則のひとつがこれでした。

質感は難しく考えず、素材の表情、と捉えてみてください。マット、ツヤ、透け感などいろいろな質感がありますが、**上下の組み合わせが「マット×ツヤ」のようにコントラストがつけばつくほど、メリハリが出るのでしゃれて見えます。逆に、似ている質感どうしだとのっぺりして見えてしまうので、パッとしない印象になります。**同じ綿でもざらざらしたものと、つるんとしたものがありますが、「素材」ではなく

「質感」ですのでご注意くださいね。

質感は、素材の手触りを言葉にしてみるとわかりやすいです。たとえばカシミアニットが「ふわふわ」、パンツが「すべすべ」、ブーツが「つるつる」。違っていればオーケー。メリハリがついています。

光沢感でも「にぶく光るもの」と「テカテカと光るもの」などさまざまです。組み合わせはなんでもいいです。とにかく上下の質感を大胆に変えるのがポイントです。

ヘアメイクさんのYouTubeを見ると「このリップはマットなので〜」「このファンデはセミマットなので〜」と質感の話がよく出ますよね。プロのヘアメイクさんは必ずと言っていいほど質感を計算して仕上げています。服も同じです。

質感をこれまでより意識してみること。

華やかな色を着なくても、どんな地味な色のコーディネートでも、質感に差があれば、華やかさは演出できます。

「トレンドは安心」を捨てる

20代の頃はとにかくトレンドものばかりを買い、30代になって少し落ち着いて付き合えるようになったものの、完全にトレンドから距離を置けるようになったのは断捨離をしてからです。

今となって思うのは、トレンドとは「刺激物」。高揚感を与えてくれる強烈なエネルギーがあって、まるで自分自身が変わったかのように錯覚してしまいます。「刺激物」の怖いところは、中毒性があって、手に入れたトレンドに飽きた頃、また次の真新しいトレンドに手を伸ばすようになります。

買っても買っても飽き足りない、トレンド漬けの体。どんどん麻痺して「大きな刺激」を求めてしまいます。断捨離をしながら、そんな自分に気がつきました。

別の見方をすれば、トレンドとは、市場にある服の一時的な最大公約数を表したものに過ぎず、「トレンドは安心」なのではなく、むしろキケンなのです。**「今っぽいデザイン」は必ず「今っぽくなくなる」ときがきて、次のトレンドを追いかけるという無限ループにハマってしまいます。**


断捨離のおかげであの頃と今、私の内側は大きく変わりました。

すべてを把握しきれないほど大所帯だったクローゼットは、少数精鋭のクローゼットに。一着一着をしっかりと把握できるようになり、たとえて言うなら、少人数クラスの担任になった気分です。一人一人に目を配れるし、それぞれのよさを十分に把握することができるように。家族みたいにお互いの気持ちが顔でわかるようになります。そうやってひとつひとつのキャラクターを細かく見られるようになると、おしゃれを楽しむポイントが「とても小さなこと」になりました。

具体的には、

①トップスを着る
②ボトムスをはく
③完成

私の場合は、このステップ②とステップ③の間にある「行間」にこそ楽しみが詰まっています。

たとえば、鏡を見ながら、袖はどのくらいまで上げようか、肘まで上げると快活なイメージになるけれど、今日は八分袖くらいにして上品なイメージにしようか。裾は前だけインしようか、いや全部インするのがいいか。どっちが今日のパンツに対して、バランスよく見えるだろうか。

パンツのウエストの位置はベルトで調整できるから、少し上めにして女らしくいくか、腰位置まで下げてハンサムな感じではいてみようか。

はっきり言って他人から見たら気づかれないような、どうでもいいことなんです。そんな些細なことに自分の意思を入れることが、私にとってのおしゃれの楽しみ。「A→B」にするような大きな刺激があってもいいけれど、「A→A'」のような小さな変化でも十分だと思っています。

着て終わり、ではなく着てから調理していくことに楽しみがあります。服はあくまでも材料だから。

かつての私は、大きな刺激を追い求めるばかりに、目の前にある小さな喜びや感動をとりこぼしていました。何かを買っては束の間のワクワク感に浸って、飽きたらまた次へ。結局のところ自分の内側に問題があったのです。

今、私のベースにあるのは日々の「小さな満足」です。何を着るかではなくて、どう向き合うか。

「小さな楽しみ」はいつだって、今着ている服にだってたくさんあるのだと思っています。

「服は新品だけを買う」を捨てる

洋服を新品で買うことが多かった私ですが、メルカリのおかげで「新品でなくてもいい」と思うようになりました。メルカリで最初に購入したのは娘の服です。サイズアウトが早い乳幼児期は、新品を買うのもなぁと思ってメルカリを利用してみたら、中古なのにとてもきれいな商品が届いてびっくりしました。新品じゃなくても十分ではないかと、価値観が大きく変わりました。

特に助かったのは、娘のセレモニーやイベント用の服です。一回きりになるものは出費を抑えたいですし、まだ着られるものは積極的にリユースしたいです。メルカリで買って使用してからも状態がいいものは再度出品することもありますので、もはやレンタルしているような感覚です。
最初は高く売りたくてやっていたメルカリですが、今は儲けより、モノの命をできるだけ生かし、次へと繋げていくことも持ち主の役目だと思うようになりました。娘は今のところ商品の状態にこだわりがないので、衣類からベビーグッズ、おもちゃ、本までメルカリで調達したものはたくさんあります。

私自身も愛用アイテムが廃番になったときや、欲しい商品のサイズが欠品しているときにメルカリの存在は便利だなと感じます。アウトドアやセレモニー服のような出番が少ないアイテムに関しては、いきなり新品を探すのではなく、メルカリをチェックするようになりました。新品同様のものが手に入ることも多いですが、新品でないことに抵抗がなくなったのはメルカリのおかげです。

COLUMN 手放した服はどうする？

［売る場合］

・フリマアプリ

メルカリやPayPayフリマ、楽天ラクマなどがあります。出品も発送も自分で行うため、手間をかけてもいいから納得いくプライスで売りたいという方におすすめです。季節性のある服であれば、シーズンがはじまる少し前に出品しておくと目に留まりやすく、比較的高く売れる傾向があります。春夏物は2月末、秋冬物は8月末が出品の目安です。

・宅配買い取りのリブラ

ブランドの洋服やバッグ、靴などのファッションアイテムを宅配キットに入れて送るだけで引き取ってくれます（送料無料）。送ったものは査定され、買い取りキャンセルの場合も返品送料は無料です。ただし、ノーブランドやファストファッションブランドのもの、穴が空いていたり、著しい使用感のあるものは対象外になります。手間をかけずブランド品を売りたいという方におすすめです。https://ribla.jp

・セカンドストリート

全国800店以上の実店舗とウェブでの宅配買い取りを実施しています。ヴィンテージアイテム以外、発売から5年以上経過しているものも、安価にはなるけれど査定してもらえます。ファッションアイテムだけでなく、生活雑貨や家電なども取り扱うため、まとめて断捨離したいときにおすすめです。https://www.2ndstreet.jp

［引き取ってもらう場合］

・アパレルブランドの衣類回収サービス

回収サービスを実施しているのがユニクロ、ジーユー、H&M、無印良品、ザラ、アーバンリサーチ、オンワード樫山など。実店舗内にリサイクルボックスを設けているところと、オンラインで回収キットを販売し引き取りを実施しているところがあります。回収するのは自社ブランド商品のみに限定しているところがほとんど。

・BRING

回収した服をもう一度服の原料に再生するBRING。イオンモールなど全国に4000以上ある参加企業の店舗に持ち込むだけでオーケー。https://bring.org

第 5 章

自分を
全肯定する

ヘアサロンが教えてくれた、自分とは「×」ではなく「○」の存在

断捨離中のターニングポイントは、表参道にあるヘアサロン「コクーン」との出会いでした。どんな髪質も肯定する〝ノンブローカット〟を通して、自身の髪のよさに気づいてほしい。そんな「コクーン」のあり方によって、私の世界は大きくひっくり返りました。

それまで自分という存在を減点方式でとらえ、華奢な上半身や、がっちりした太い脚……イヤなところをあげればキリがなく、髪の毛だって、クセ毛に剛毛、おまけに毛量多め。扱いづらさしかなく、自分の髪の毛が大嫌いでした。

おそるおそる出かけた初回のカウンセリングで、**「いいクセ毛ですね！」**と美容師

さんに言われたときは、えぇ⁉　と耳を疑いました。クセ毛＝×、ストレートヘア＝○と思い込んでいた私には、まったくなかった考え方です。驚いたのは次の日。濡らしてオイル、ジェルをつけたら完成。2分もかからずしてサロンで仕上げてもらったヘアスタイルを再現できたんです。

アイロンもブローもいらない。うねりやクセがあってもよし。生えている方向に向かって切るだけで、不思議と髪は頭にフィットするようにまとまるノンブローカットを体験したことで、私の髪ってなんかいいかも！　と38歳にしてはじめて、自分の髪を受け入れることができました。

そもそも私は「×」ではなく、「○」だった。

かつて自分を「×」な存在と捉えていたときは、クセやうねりを縮毛矯正やストレートパーマなどで抑えつけて、無理やり別物に仕立てようとしていました。ヘアサロンに行っても「こんな髪で申し訳ない」という気持ちがあり、美容師さんの何気ない発言に落ち込んだり、どうせいい髪型にならない、と思い込んだり。いつしかヘアサロンが苦痛の場所になってしまっていました。

それが自分を「〇」な存在としてみると、素材をそのまま活かすという発想になります。新しい髪型に対して積極的になれたり、褒めてもらえる経験が増えたり。ヘアサロンは行くだけで元気になれるパワースポットになります。縮毛矯正だって無理してかけるものではなく、自分を楽しむためのオプションのひとつになる。

自分を「〇」とするか、「×」と捉えるかで、見える景色が大きく変わってきます。だから、今この瞬間から、自分の存在すべてに「〇」をつけてほしい。

「この私、最高！」

何度も自分に言ってほしい。

本音を伝えることが、自分を表現すること

私にとっての「自分を表現する」とは、本音で生きること。絵を描く、ダンスを踊るなど得意なことを披露することだけに限りません。**普段から自分が感じていることと、思っていることを行動に移していくこと。どんなときも本音に対してできるだけ素直でいること。**服捨て中に、これからは本音を大事にできる自分でありたいと決意しました。

けれど、これが言うほど簡単ではありません。ワードローブを本来の自分に近づけていくことも、日常生活において本音で過ごすこともそう。特に空気を読みすぎる私は、自分の意見を伝えることがものすごく苦手でした。**伝えられないのは、言ってし**

まったらよくないことになるという「恐れ」と「思い込み」があるからです。

日々練習です。大きく変わろうとしなくていいから、小さなことから一歩一歩やっていくだけ。すると予想もしなかった大きなことに辿り着くのだと実感しています。

私の場合の小さなことは、たとえばヘアサロンで自分の意思を伝えることです。やってみたい髪型があるけれど、見本の写真を見せることにすごく抵抗がある。自分と違う顔立ちや髪質のモデルさんの写真だから、拒否されたらどうしよう。必ず恐れが出てきます。それを把握した上で飛び越えてみると、だいたいが恐れたような現実にはならないものです。拒否されるどころか、うまく汲み取ってくださったときの安堵感。結果がどうかよりも、自分の意思を口に出せたという小さな達成感をゴールにしていました。

練習あるのみです。あるときはこんなことも思いました。

「もっとかっこよく、男性みたいなヘアにしてみたい」

でも、まわりになんて言われるだろう。女性らしくないヘアを家族は受け入れてくれるのだろうか。またしても「恐れ」が出たけれど、やってみたら意外と好反応。女性らしくしなければいけないという価値観に囚われず、自分の内側にあるものを表に出していくことにものすごく満足感がありました。

もしも本音を伝えなかったら、モヤモヤがたまるのと同時に、思うようにならなかった結果に対して、「あの美容師さんは下手だった」「あのヘアサロンは二度と行かない」などと、勝手に相手を悪い評価にしてしまうんです。仕事も、対人関係もそう。振られた仕事が「できない」と思ったことを伝えなかったら、「あの人はイヤな仕事を押し付ける人だ」となるし、行きたくない誘いを断らなかったら、「あの人は強引な人だ」と、どんどん自分の世界に敵を作っていく。**自分を表現しないことが、自分を苦しめる結果になります。**

私は髪のプロではないけれど、自分にとって「これがいい」「こうしたい」はわかります。本音をキャッチし、伝えていく。

私は、自分のことを一番大事にできるプロでありたいと思っています。

自分を惨めに思ったときは、小さなことを褒めまくろう

服捨て体験を公にしたのは、ワードローブが完成した3年後のことで、それまで一度たりとも、親しい友人にさえ話したことがありませんでした。それはこのファッション業界にいる人間として、どこか恥ずかしさや後ろめたさがあったから。服が少ないなんて、絶対に言えないと思っていました。

仕事で会う人は、ブランドものを駆使しながら、ファッションを楽しむ人たちばかり。シャツとパンツというつも同じような格好で、トレンドもなければ旬のブランドでもないものを身につけていた私は、一人だけ浮いている気分でした。大したものを着ていないと値踏みされているのもヒシヒシと伝わってきます。

服に頼らなくても自分は自分、そのままでいいと思いながらも、自分らしさという太い幹が育つにはしばらく時間がかかります。特に服捨て中は、細い木がかろうじて立っているような状態でした。人と比べては、語りどころのない自分の格好を惨めに思うことが何度もありました。

「私はおしゃれで負けている」

「あの人の方がおしゃれ」

いつの間にか比較している自分がいました。振り返ると私が服をたくさん買っていたのは、どこかに「おしゃれで勝ちたい」「あの人よりおしゃれになりたい」という気持ちがあったからだと思います。ユニクロだと負けで、シャネルを着れば勝ち!?もうどこまで行っても「勝ち」なんてないのだから、いいかげんに終わりのないレースから抜け出したい。

誰かと比較して落ち込むときは、決まって「自分には価値がない」と思っているときです。だから私がやったことは、自分を徹底的に褒めること。

確かにあの人は素敵なブランドのものを着ているけど、

「私のトップスだってけっこう似合ってる!」

「私の今日のヘアスタイルはいい感じに決まってる!」

外見だけじゃなくて、

「今日の私の発言はなかなか的を射ていた!」

「今日は仕事を時間内に終わらせることができた!」

「今日はコンビニで丁寧にありがとうと言えた!」


些細なこと、当たり前だと感じることでも、なんでもいいから褒めてみます。そうやっていくうちに自分らしさの幹は確実に太くなり、恥ずかしいと思っていた片づけの話も、葛藤していたことも、今では包み隠さず話せるようになりました。

いつだって自分は100点満点。自分にダメ出ししない！

ファッションエディターという仕事。エディターズファッションだとか、エディターズバッグという言葉も流行ったくらいですから、最先端のトレンドに身を包み、高い靴といいバッグは必需品。お手本にされるような格好をするのが当たり前。ファッションエディターとはこうあるべき、という信念を握りしめていました。

けれども服を手放して、もっとも自分が心地よくいられる状態を探った結果、ときどきおしゃれするくらいがちょうどよく、辿り着いたのはシャツとパンツというワンパターンな格好でした。

ファッションエディターなのにこんな自分でいいのかな、と心がざわつくわけです。こんなときは必ず自分の内側を見て、ざわつきの原因を探ります。
思い浮かんだのは業界でも名の知れた、海外のファッションエディター。私服は常に注目の的だし、しかもモデル並みにスタイル抜群。比べてしまうと、私は服が少なくいつも同じような格好で、モードな服は得意じゃないし、体型にコンプレックスはあるし、ダメなところが目につくわけです。**どんどん自分を減点してしまうのは、「他人が100点」という基準で見ているとき**なんですよね。だから、不快な気持ちになってしまうんです。

そこで「自分の物差し」を変えようと思いました。**今の私が100点満点だったらもうすべてオーケーじゃないか。服が少ないことも、着こなしがワンパターンなことも最高得点。おしゃれがイマイチ決まってない日だって満点。**

それ以来どんなときも自分にダメ出ししたり、否定したりしない、と誓ったのです。ダメ出しするのは「他人軸」になっているとき。気がついたら「自分軸」に戻します。

服を減らしたのにまた服を買ってしまう私もオーケー。

さほど着ていない服を手放してしまう私もオーケー。

こんなふうに自分のことを肯定的に捉えるようにしてみました。ついでに、ファッションエディターとはおしゃれな人、という信念も「ファッションエディターとは服を知り、魅力を伝えられる人であって、私服は関係なし」と再定義してみたら、すごく気持ちがラクになりました。

バッグ＝自分そのもの。性格も思考も映し出している

高級バッグを手放したのは、クローゼットの片づけの最中に娘が生まれライフスタイルが変わったときです。小さな子供がいる生活では、扱いに気を使うようなバッグよりも、軽くて気楽に使えるものの方がいい。大事にしたいことを明確にして自分のリズムで生きていくか、見栄のために無理して生きていくか。もちろん、前者です。ブランドバッグは、スパッと捨てることができました。

思えば、バッグはこの仕事をしている私にとって、一番の見栄張りアイテムでした。ファッションエディターたるものいいバッグを持たねば！　との信念のもと、ブームなブランドバッグをずっと追いかけていました。当然、ブームなバッグはいつか

終わりがくるわけで、古臭い人と見られないようにまた次を追いかけていました。

私のように見栄で持つ高級バッグと、愛しているから持つ高級バッグは違います。こんな人気のバッグを持っている私って、すごいでしょ？　とバッグの価値を自分の価値に置き換えることで、自信や安心感を得ていたわけです。

それが一転。今の私は、コットンバッグひとつ。しかも、こだわりはまったくありません。人はこうも変わるのかと自分でも驚きます。

大きく見せようとしていたかつての自分は、そういうピースを求めていたし、モノに対しての執着がなくなると、名もなきバッグを選ぶようになりました。**バッグ＝私そのもの。クローゼットが私自身を投影しているように、バッグもまたしかり。私という人間を物語っています。もっと言うなら、思考と一緒です。**

・整理はできても整頓ができない
・一日の予定は余白が欲しい

・ものをできるだけ持ちたくない
・思ったときに行動できるよう身軽でいたい
・わかりにくいものが苦手で、シンプルに考えたい

こんな私だから、軽くて仕切りのない、いつも6割程度しかモノが入っていないコットンバッグなのです。見た目の自由度が高い仕事なので、打ち合わせのようなビジネスシーンでもこのバッグで出掛けます。まわりからしたら無頓着な人と思われるかもしれません。でも「どう見られるか」よりも「どうありたいか」。自分にとっての快適さを優先させています。

入学式や結婚式など「いつかのためのバッグ」も持っていません。「いつか」がきたときに考えることにしました。自分自身やライフスタイルが変われば、バッグのあり方も変化していきます。今のところはこの選択。永遠にこうでなくてもいいと思うと、軽やかに生きられます。

自分を変えるとは、本来の自分に還ること

私が愛用するコットンバッグ。等身大の自分、ありのままの私の姿がここにあります。かつての私は、それを見せられないから、本来の自分とは違う「不自然なバッグ」を選んでいました。

ありのままの私ではダメ。

たとえば、私は整頓ができないからいつもバッグの中がぐちゃぐちゃなんです。雑誌によくある「バッグの中身特集」なんかを見ちゃうと本当に凹むわけです。なんで私は、こんなに整頓ができないんだろうか。あぁ、私の努力が足りないんだ。自分を変えないとダメだ。

なので、今度は仕切りがたくさんあるバッグを買うわけです。だけど、やっぱり整頓できず、仕切りを無視して入れてしまう。結局、仕切りがあってもぐちゃぐちゃになるバッグにまた落ち込むわけです。

でも、この「自分責め」こそ無駄なことだと気づきました。

持って生まれた性質を受け入れる。私とはどうやっても整頓ができない人間なのだ。それは残念なことではないし、仕方がないと嘆く必要もないと思っています。いやいや、この私、いいじゃん！　と肯定的に捉えてみます。整頓ができる人を羨ましがる必要もありません。この性質は劣っているわけではなく、ただの個性。それなのに自分を変えようとしていたわけです。努力が足りない、こんな自分じゃダメだと鞭《むち》を打ち、違う自分に矯正していくことが「自分を変える」ことだと思っていました。

いや、違う。ありのままの自分ではいられないと思う自分を変える。つまり、そのままの自分でいること。**「自分を変える」とは、「本来の自分に還る（戻す）」ことなのだと思います。**不自然なことをし続けると、私のようにいつか破綻《はたん》します。

整頓できない自分。だらしなくてテキトーな自分。仕事の打ち合わせにペンすら忘れちゃう自分。気の利いた雑談ができない自分。**ダメダメで不甲斐ない自分かもしれないけれど、そのすべてを丸ごと抱きしめて生きていけたら。**

たくさんのバッグを手放しながら、考えたことです。

私はこれがいい！自信とは、「自分の感覚を信じること」

服を捨てはじめてからは、特に選ぶという行為に対しての本気度や意味合いが変わりました。思えばあれは捨てるという名の「選ぶ訓練」だったわけです。誰の目も気にせずに、自分本位に選ぶことを猛特訓したんです。だから、買い物においても余計なノイズが入らないようになりました。いつだって自分の気持ちだけを見ていればいい。大切なのは、私がこの服とどう付き合いたいかだけ。

そうやって自分の本音１００％で服を選べるようになると、「選ぶ」というより「選び抜いている」という感覚に変化していきました。「私がこれを選んでいる！」という力強さです。

買うことだけが選択ではありません。

試着してものすごく似合ったからといって買う必要はありませんし、安いからという理由だけで買うこともありません。「買わない」という選択を力強くするのです。

そう思うと日常は選択の連続です。住まいや仕事も自分で選んだこと。今日着る服、今日のランチ、今日聴く音楽や出勤のルートだっていくつもの選択肢があって、どんなものでも自由に選べる立場にあります。ひとつひとつを「これでいいか」ではなくて、「私はこれがいい！」と強く選び続けることで、自分への信頼が増していきます。だから「今の私はどうしたい？」「どうだったら心地いいの？」と自分に問いかけるようになりました。

私は、大きな仕事を成し遂げたわけでも、自慢の美貌があるわけでもありません。**でも今、自信がある。それは「自分という存在を一番信頼している」という感覚です。**正しいかどうか、じゃない。自分だけの感覚を頼りにして選択していくことに意味があるのだと思っています。

第6章

クローゼットは「心地いい」だけで整う

心地いい、に従えばうまくいく。
心地よさ＝自分らしさ

ヘアサロン「コクーン」のノンブローカットは、私にもうひとつの気づきを与えてくれました。

髪の毛の意思（生えている方向）を尊重してカットすると、うまくいく。

言い換えれば、自分の意思を尊重すると、うまくいく。

クローゼットにおいても「本当はこうしたい」「本当はこうがいい」という自分の意思を尊重すると、本来の流れに乗っているからうまくいく。その状態が髪の毛同様、心地いいのだと思います。

服を捨てていく中で知った私の本音は、

①コーディネートをできるだけ考えないようにしたい
②おしゃれはときどきでいい
③いつも同じ印象でいい

②、③のような他者への印象に関わってくることは、いきなり本音どおりにできませんでした。本音に背くとき、不快な気分になります。それは「こうあるべき」「こうしなければ」という既存の観念に自分を合わせようとするからなんです。自分にとって不要な観念を手放し、都合のいいように書き換えていきました。

たとえば、③のケースだと、「いつも同じ印象ではいけない」という思い込みがあるから、できそうにないと思ってしまいます。いやいや、毎日スーツ出勤の人にワンパターンだねとツッコみを入れる人はいないし、毎日スーツでもちょっとした変化は楽しめます。私にとってスーツのようなセットを作ればいいのだと思うと、気持ちがラクになりました。心地よく感じたら観念が書き換えられたサインです。

もうひとつ。クローゼットを見たとき、服を選んだとき、一日着たあとどんな感情になったか。毎日の些細なことにも、心地いいかどうかのセンサーを働かせていきました（第1章）。進んでいる最中にはわかりませんでしたが、そうすれば必ずクローゼットは着地します。

「心地いい」という感覚は人それぞれで、嘘をつきません。

そうやって自分の心に100％正直なクローゼットが整ったとき、「自分らしさ」を自然に手にしていました。ただ自分の心に従うだけ。自分らしさは頑張って探す必要はないのだと思っています。

理想の暮らしや着こなしをイメージしてワクワクする

目の前にある心地よさを探ると同時に、ちょうどその頃やっていたのが、理想とする暮らしやクローゼットをイメージすることです。本屋に行き、たまたまタイトルに惹かれて購入したのが、尾原和啓さんの『どこでも誰とでも働ける――12の会社で学んだ〝これから〟の仕事と転職のルール』という本でした。服を手放したので、もしかしたら必要なものとして入ってきたのかもしれません。尾原さんのように自分の好きな場所で暮らして働くことに、最高にワクワクしたことを覚えています。もしも今住んでいる家を離れるとしたら、どこでどんな家がいいかしらと妄想を繰り広げました。

理想のクローゼットは、映画『マイ・インターン』でロバート・デ・ニーロが演じたベンのものがまさにそう。同じアイテムが整然と並べられていて、ゆったりしたムードは大人の余裕そのもの。ひとつひとつのアイテムが大事にされている感じが好きで、記憶の隅にずっとありました。

それから、この先にやってみたい着こなしの画像を集め、何にグッときているかも書き出しました。

・シャツとパンツを着たハンサムな女性
↓シンプルな着こなしなのに、存在感のある感じに憧れる
・メンズのシャツを着たグレース・ケリーのオフショット
↓気負った感じがなく、メンズのシャツを自分のものにしている感じが好き

本当の自分が欲しているものは、コーディネートだけでなく、その人の性質や佇《たたず》

まい、生き方の場合もあります。たくさんあっても、テイストがバラバラでも問題ありません。

ここから具体的に何かアクションをする必要はありません。**おしゃれに迷いが出たとき、ときどき見返しては「こうなれたらいいな」と未来をイメージしているだけでオーケーです。すると、不思議なことにそうなっていきました。**

「こうなりたい」があるから、買い物でも相応しいものに目がいくようになったり、佇まいも引っ張られていくんだと思います。

最終的に理想の暮らしもクローゼットも手に入ったので、あらかじめゴールを設定することはとても大事です。

私の省エネワードローブ①

ボトムスと靴のベストセットを作る

毎日のコーディネートで選択するアイテムはひとつと決めています。春夏はトップスだけ毎日選ぶようにして、合わせるボトムスと靴はあらかじめセットを作っておきます。まず決めるべきは「靴」。私の場合は、春夏シーズンで3足、秋冬シーズンで3足。シーンと靴が合っていないとストレスになるので、スニーカーやバレエシューズなどタイプの違うものを揃えるようにしました。

靴が決まると、その靴に「合うボトムス」と「合わないボトムス」がはっきりします。シルエットやカラーバランスを見て「合わないもの」は、トップスにどんなものを合わせても挽回できません。すると「手放した方がいいボトムス」がはっきりすると同時に、「ボトムスと靴のベストセット」が完成します。

私の場合は、靴1足に対し、一番合わせたいパンツ1本。これを3セット作りました。ここにトップスを合わせれば毎朝のコーディネートは終了ですので、劇的にラクになります。〝足場を固める〟という表現がありますが、コーディネートも一緒。足元を固めるとすべてが自動的に決まってきます。

トップスの色は自由ですが、靴とボトムスの色は揃えました。こうすることで下半身の色が統一され、トップスとの色合わせがラクになります。この方法だと、

・買い足すトップスに迷わないようになる
・オールシーズンではけるボトムスにすれば、服が減る

など、コーディネートの時短化以外にもメリットがあります。

秋冬シーズンでは、毎日アウターだけ選ぶようにしています。「トップス＋ボトムス＋靴」のベストセットを作り、すべて同じ色か同じトーンで統一しています。

私の省エネワードローブ②

ひとつ決めたら、即完成

春夏シーズンは、「ボトムスと靴のベストセット」が3セット。**トップスの枚数には上限を設けず、普段はトップスだけ自由にコーディネートしています。**トップスはどのボトムスにも合うものを選んであるからです。好きなシャツがもっとも多く、その代わりあまり興味のないトップス（カットソーやブラウスなど）は、徹底的に排除しました。

秋冬シーズンは、「トップスとボトムスと靴のベストセット」を3セット。アウターだけはバリエーションを持たせて、その日の気分で好きなものを選ぶようにしています。

以前は、アウターは着回しできるような無難なカラーやデザインを選んでいましたが、シーズンの終わりにさしかかると飽きてくるんです。アウターは面積が多いので、気分に大きく影響します。派手なものを着る方が楽しいと気がついてからは、インナーは保守的に、アウターで遊ぶというスタイルに落ち着きました。

ボトムスと靴のベストセットとはいわば、「白ごはん」のようなもの。白ごはんをベースにすれば、カレーライスにも、カツ丼にも、のせればいいだけだから簡単にアレンジできます。ベストセットは白ごはんらしく、色づかいを統一してシンプルに徹することが大事です。もしもいろんな色使いの「チャーハン」をベースにしたら、組み合わせを考えるのが一気に難しくなりますよね。

おおいに偏っていい。ワードローブを〝好き〟に特化していく

服を捨てながらも買うことを自分に許可していたあるとき、持っているアイテムにかなり「偏り」があるのを発見しました。私の場合は、シャツとパンツです。もしも片づけのゴールが「〇枚に絞ること」だったなら、「同じものばかり買っているから、さっさと減らそう」となっていたかもしれません。

けれど私は、これこそが「自分の強み」になると思ったのです。

服を捨てているにもかかわらずなぜか買ってしまうもの、買い物に行っても目に留まってしまうものこそが「才能の芽」かもしれない。だったら減らすことを意識せず、むしろ情熱を注ごう。〝好き〟をとことん深めてみようと思いました。

私のワードローブには「パンツと靴」のベストセットがあり、普段はトップスだけ選べばいいようになっていますが、トップスの枚数には上限がありません。シャツだけは好きなだけ持とう。

そう、〝好きに特化していくワードローブ〟です。

これが思わぬ結果をもたらしました。

たとえば毎日クロールを泳げば、人並みあるいはそれ以上に泳げるようになるでしょう。けれども今日はクロール、明日は走り幅跳び、明後日は砲丸投げ、という練習メニューだったら「運動ができる人」になれるかもしれないけれど、「クロールが上手い人」に達するには時間がかかってしまいます。それと同じなんです。

くる日もくる日も、私はシャツを着たことでいつの間にか「おしゃれができる人」じゃなくて「シャツが上手い昼田さん」と記憶してもらえるようになっていました。

着れば着るほどに体がシャツに慣れ、シルエットや素材、デザインの個体差に気がつくようになり、印象の違いを体感できるようになります。「このシャツの襟は立ちやすいからキリッとして見える」「袖の幅は小さい方がまくりやすい」などの気づきが生まれ、自分が譲れないポイントがはっきりしてきます。新しく買うときの基準ができるから、しっかり吟味できるようになるんです。

その服と向き合った時間だけ、着こなした数だけ必ず上達します。

シャツに絞ったおかげで、私はおしゃれの腕が上がったのです。けれども、カーディガンやジャケットに関しては、一枚も持っていないし得意ではありません。着こなせない服なんて山ほどあります。でも、ひとつだけでも秀でることができたら、自分らしさをアピールすることができるんです。

「なんでも着こなせる人」になる必要はありません。〝得意〟はひとつで十分です。

何枚も同じアイテムを持っていていいのです。

おおいに偏り、得意を伸ばしていくワードローブ。

あなたのワードローブにも「その芽」はあります。

いつだって「ケ」が基本。たまに「ハレ」でちょうどいい

今の私は、ファッションエディターでありながら、気合を入れた格好をしているのは週に1回あるかないか。ほとんどがお世辞にも素敵とは言い難い、どうでもいい格好で過ごしています。洋服においての「ハレ」と「ケ」を使い分けるようにしているのです。

この考え方に至ったのは、土井善晴さんの『一汁一菜でよいという提案』を読んでから。

「ハレの価値観をケの食卓に持ち込み、お料理とは、テレビの料理番組で紹介される

ような手のこんだものでなければいけないと思い込んで、毎日の献立に悩んでいるのです」

これは服の話にも置き換えることができます。いつから毎日を「ハレの日」にしてしまったのだろうか。SNSを見てはおしゃれしなきゃ、新しいものを買わなきゃと焦らされ、どんどんハードルが上がり、平日も週末も公園ですらも高得点を目指そうとして、悩まされているのではないか。365日気張ったおしゃれをする必要があるんだろうか。

一汁一菜、つまり日常の多くは「普段着」でいいはず。自分という素材を活かし、最低限の清潔感やきちんと感があればもう100点じゃないかと思ったんです。

それからの私は、**おしゃれしない「ケ」を基本スタイルにすることにしました。**産後だったので服装に気を使う余裕がなかったこともありますが、「毎日おしゃれしたくない」という本音を大事にしたかったのです。

具体的には、「ケ」は「普段着」で、脱おしゃれの日。汚れてもいい服を着て、徹底的に脱力する日。アンバランスで華やかさが足りない格好でもいい。子供と公園に行くときや、仕事でもゆるみたい日に。

「ハレ」は「晴れ着」ですから、一張羅を着るつもりで気合を入れる日。公園には着ていけないような服を着て、おしゃれしている感を味わう日です。

そう、「毎日おしゃれな人」じゃなくて「たまにおしゃれな人」でいい。思いっきりゆるんで、思いっきりおしゃれする。振り幅はあるけれど、普段の私の基本は「ケ」。しんどいときは、いつでも「ケ」に逃げればいいいと思っています。

クローゼットに他人を入れないように、常に自分にベクトルを向けていく

「ハレ」と「ケ」のどちらの格好であっても、コーディネートを考えるときに共通しているのが、常に自分にベクトルを向けること。**他人にどう見られたいかではなく、どんな自分でありたいか。どんな自分であったら心地よく過ごせるかを考えます。**

たとえば、仕事関係者との会食。他人にベクトルを向けてしまうと、「できる人に見られたい」「自分のセンスが伝わるような格好をしたい」となってしまいます。他人の目を意識して服を選びはじめると、他人がゴールになってしまうため、どんなものを選んでも「これでいいのかな？」と不安感がつきまとい、疲弊してしまいます。

自分以外のものに正解を求めれば、結局クローゼットに他人を入れることになってし

まいます。ベクトルは常に自分に向けていきますので、私だったら、たとえばですが「はじめてじっくり話す相手だから、気負わずありのままの自分で過ごせるよう、着慣れたシャツとパンツのコーディネートにしよう」と考えます。

もしもTシャツとデニムが好きな方であれば、「素の自分で接したいから、そのままでいこう」と考えるのもあり。「せっかくの機会で相手を大切にする自分でありたいから、普段は着ないけれどきちんとしたワンピースで出席しよう」と考えるのもあり。「服に囚われず安心して会食に臨みたいから、一張羅を買い足そう」でもありです。**ありたいようにあればいい。自分で決めたなら、すべて正解です。**

娘の入園式では、ネイビーのパンツスーツにパールネックレスだけというシンプルな格好で出席しました。「隣に並んだときに娘のチェック柄の制服が引き立つように。娘がセレモニーの主役で、私は脇役に徹したい」というのがありたい自分でした。出席者の中では一番地味だったかもしれませんが、それでいいのです。「○○に見られたい」「○○しなければいけない」が出てきたら、他人にベクトルが向いているサインですので注意が必要です。

値段に振り回されない自分になる。そう決めれば意識は自動的に変わる

あるとき、安い服はぞんざいに扱い、高い服は丁寧に扱おうとする自分に気がつきました。買うときも値段によって、自分の慎重度や真剣さが違う。このままだと一生私は服に振り回されてしまう。私はどうありたいのだろう？　**高くても安くても態度が変わることなく、どんな洋服ともフラットに付き合える自分でありたい。**

そう決めると「自分の意識」が変わります。一番顕著に変わったのが「ユニクロ」との付き合い方でした。

安いから失敗してもいい、ではなくて、たかが1900円でも失敗したくない。だって1900円で失敗する人は、1万9000円でも19万円でも失敗してしまうでし

ょう。毎回が真剣勝負です。ユニクロは一番手を抜けない相手になりました。

私が思うユニクロの価値は、価格ではなく、「サイズの多さ」にあります。たとえば、定番商品の「スマートアンクルパンツ」は標準丈で7サイズ、丈長めで7サイズあるので全部で14サイズ展開です。サイズが増えるほど、在庫を抱えることになりリスクを背負います。一般的なアパレルの3サイズ展開と比較したら、これがいかにすごいことか。他のブランドには真似できないことです。

14サイズもあれば、3サイズの中で選ぶよりも自分にフィットする一本が見つかりますし、着たいイメージに合わせて選ぶことだってできます。選べる自由を手にすることは、面倒なことでもあります。ジャストサイズが一番似合うサイズとも限らないし、レディースやメンズという枠組みに囚われた選び方も不要と思っている私にしてみれば、サイズの選択肢がありすぎて迷うわけです。Aサイズも Bサイズも入る。どっちがいいのだろう。誰も教えてくれないから、**買うときにはっきりさせないといけないのが、「私はどういう着方がしたいか」なんです。**

たとえばニットを選ぶとき、「ゆったりさせてリラックス感のある着こなしを楽しみたい」からメンズのLサイズを選びます。自分の体が一番きれいに見えるゆとりがLサイズだったわけで、MでもXLでもダメ。レディースのものも選びません。「いつもLサイズだからという理由でLサイズ」を選ぶのではなく、「○○に着こなしたいから○サイズ」という選び方になります。Mのときもあれば XLのときもあり、サイズはいつもバラバラです。着方に合うサイズを見極めるために、試着は必ずします。だいたいの自分のサイズと、その上下のサイズ、色違いも着るとなると時間がかかり、毎回ぐったりします（笑）。

けれど私はユニクロに、「選ぶ意識」を鍛えてもらったのです。

選択肢がありすぎて困るけれど、そんな中から自分にいい一枚を選んでいい感じに着こなせたとき、ものすごく自信になります。それは1900円の服を素敵に着られた自信ではなくて、**こんなにたくさんの選択肢から自分にしっくりくるものを選び抜けたという自信です。**

選んで着こなしては、ひとつ自信になる。

それを繰り返したら、いつしか1900円でも絶対失敗しない私は、1万9000円でも19万円でも絶対失敗しないはずだと思えるようになっていました。買うときも収納も、ケアに対しても、値段に左右されず変わらない態度の自分がいます。

決めれば意識は自動的に変わります。洋服に対してあなたはどんな自分でありたいですか。

頑張らないとできないことは絶対やらないと決める

服を捨てる前の自分は、たとえるなら分厚い衣がついたエビフライでした。衣のせいで、本当の自分がどういうものかわからずにいました。けれど衣を剝《は》いでいくうちに、自分のキャラクターを理解することができました。

服を1000枚近く持っていたのに実はモノが多いとストレスになるタイプで、おおざっぱ、面倒くさがり、小分けのような複雑なことができない、モノは手放せても整頓ができないんです。こういう私ですので、どう頑張っても「収納の達人」にはなれないと思いました。

頑張らないときれいな状態が続かないことは絶対にやめよう。できないと自分を責めてしまうから。

そこで生まれたのが、収納術に頭を悩ますほど、モノを持たないようにしようという考えです。収納術を考え出したら、モノが多いサイン、と捉えることにしました。細かい収納方法を考えたくないからモノが少ない、とも言えると思います。

私のクローゼットにはラックのほか、3段タイプの収納ケースをひとつ置きました。そして細かいルールは作らず、掛ければオーケー、引き出しの中に入れればオーケーとして、服が帰る場所を具体的に決めないことにしました。総量が少ないので、すぐに見つかります。

細かいことができない私はこの「とりあえず入れる方式」が一番ラクで都合がいいのです。

どんなときも自分に優しく。クローゼットでもそれ以外のことも。

なんでもこだわらない。
どうでもいい部屋着と下着

春夏シーズンで愛用している部屋着のワンピースは、ユニクロのものです。パジャマと兼用ですので、これ一着で家事をして、そのまま寝ています。化粧水も乳液も美容液もひとつになった「オールインワンジェル」みたいな感じです。しかも、一着を洗濯してはひたすら着続けています(笑)。

以前の私は、部屋着だってこだわりたいと思っていました。でも可愛いパジャマに替えてみたものの、おうちタイムをゆっくり過ごす時間は少なく、せっかく買った高いパジャマはいつのまにかクローゼットの化石になっていました。

誰にも見られないのに、素敵な部屋着で過ごすことになぜあんなにも憧れていたのか。結局のところ、頑張っている自分を労《いたわ》ってやりたかったのだと思います。優しい肌触りのパジャマに触れ、自分を大事にしている感覚を味わいたかったのかもしれません。

自分を大事にすることとは、モノに頼らなくてもできます。見逃しそうになる小さな本音に聞く耳を持ってやればいいだけ。外側の何かに補ってもらう必要はないのだと気がついてから、部屋着やパジャマへの執着がなくなりました。着るのも洗濯も、ラクなものが一番！　これが本音だもの。

ちなみに、下着は3セットのみ。着用しているものが1セット、洗濯中のものが1セット。クローゼットにあるのは1セットだけなので、収納方法を考えるまでもなく、引き出しの中にポンと入れているだけです。

旅行のときは現地で洗うようにしています。足りなくなったら、足りなくなったとき考えることにしています。クローゼットを整えてからは、万が一のためにあれこれ持つことが一切なくなりました。

極端に言えば、部屋着もパジャマも下着も、なんだっていいのです。大好きなシャツとパンツにはこだわりたいくせに、そのほかの多くは私にとってどうでもいいこと。**「選ばない」ということを「選んでいる」わけです。**

「選ぶもの」と「選ばないと決めたもの」。はっきりさせるとラクになります。

第７章

服が
教えてくれたこと

役目を与えた服は、必ずその役目を果たしてくれる

順調に服を手放して、服への執着がなくなった私は、新しいフェーズに入っていました。

死ぬまで続いていく服と人の関係は、どうあるべきか。

服を捨ててはっきりしたのは、人と服は互いに影響を受け合っていて、その影響力は多くの人が気づいていないけれどものすごく強烈だということ。私の場合は、服を捨てたことで、考え方や生き方まで変わってしまいました。そこまでではないとしても、お気に入りの服を着たらご機嫌で過ごせたとか、逆に服が決まらず、イライラして過ごしたとか、そんな経験は誰しもあると思います。

私たちの感情と行動は、服に大きく左右されています。だとしたら、「服」を使って人はいい方向に変わっていけないだろうか。

そんなあるとき気がついたのが、この法則です。

「役目を与えた服は、必ずその役目を果たしてくれる」

以前、あるブランドのECサイトのリニューアルを担当していました。本来なら制作会社を入れ大きなチームとしてやるべき業務内容ですが、予算が少なく、ひとりで何から何までやらなければならない状況でした。撮影のディレクションだけじゃなく、撮影の準備、100体以上のコーディネート作りなど、膨大な業務量に心が折れかけていました。結果を出すのが仕事だからこそ、期日までに準備できるか、撮影はうまくいくのか、考えるほど不安が襲ってきました。

そんなとき、普段は選ばないような派手なストライプ柄のワンピースに出会いました。試着してテンションが上がった私は、成否を左右する撮影日に着ていくことを決意。着ることが励みになり、準備を乗り切ることができました。

そして決戦の日、心配をよそに撮影は思った以上の完成度で終了。ホッとしたと同時に、不思議なのはその日以来、そのワンピースを着たいと思う気持ちがパタリと消えてしまいました。あんなにワクワクして買ったのに⁉

そうか、役目を果たし終わったのか。

今回のケースで言うと、**数日後に迫ったプロジェクトを成功させる、という役目を果たした服と私は縁が切れてしまったのだと思います。**だから、もう着たい気持ちがなくなってしまったのです。

クローゼットに入れておきたい「願いを叶えてくれる服」

プロジェクトの成功を実現できたように、欲しい未来を服が連れてきてくれます。だとしたらステップアップしたい、こんな私になりたい、というチェンジのタイミングこそ、洋服の力を借りるのです。**未来のなりたい私が着ているだろう服を、先取りして今から着てみるのです。**すると外側（洋服）に引っ張られて、内側（自分）が必ずついてきます。

では、なりたい自分になれるのなら、あなたはどうなりたいですか？

・憧れの〇〇さんのような格好をして、ゆとりを感じられる暮らしがしたい

・大きなプロジェクトを任されて、やりがいを感じる毎日を過ごしたい
・自然が近い環境で、好きなペースで働いてみたい

まずはどんな自分になりたいかを、実現するかどうかは無視して想像します。そのあとに「願いを叶えてくれる服」を手に入れるのですが、買うときにポイントがあります。

1　普段は行かないようなお店や、未来の私が行っているだろうお店に行ってみる

私の経験だと、いつもとは違うテイストのお店やちょっとひるんでしまう、憧れのお店などで、ふと目についたり、店員さんにすすめられたり、偶然に出会うことがほとんどです。

2　必ず試着する

見た目と着てみたときの印象は異なります。先入観は持たずに、ちょっとでも心が動いたなら着てみてください。

3　今似合わなくても、未来を体感できたものは買い！

〝未来〟に照準が合っているので、今の自分だと似合わないと感じたり、そわそわしたり、背伸びする感覚があります。なりたい未来の一コマを体感できたものこそが「願いを叶えてくれる服」です。鳥肌がたったり、そのシーンを想像すると体が熱くなったり、興奮ぎみになったり、体に反応があることがポイントです。

4　他人の視点を参考にする

自分だとどうしても手にとる服が決まってきますが、他人は別の視点を持っています。店員さんや友達に似合うとすすめられたものは、気乗りしなくても試着してみると新しい発見があるかもしれません。他人に喜んでもらうための服ではなく、あくまでも決めるのは自分です。

信じられないけれど、モノは生きている

こんまりさんの本に書いてあったエピソード。

新しい携帯電話に替えたとき、古い携帯に「ありがとう」と伝えたら、まるで命が途絶えたかのように完全に動かなくなった、という話。これを読んだとき、こんまりさんにはモノと交信できる〝特別な力〟があるのだなと思いました。

それが、私にも同じような出来事が起こったのです。いやいや、これってそもそも特別な能力があるからじゃなく、誰の身にも起こっているのかも。

私たち家族のかつての愛車、ボルボ740。30年以上前に作られた車で、エアコン

が効くまではとにかく時間がかかりました。ある暑い日、娘が車内でぐったりしているのを見て、なるべく早く手放さなければと決意しました。そんな私たちの胸の内が伝わったのか、ある日突然、ボルボは道の真ん中で動かなくなってしまいました。

人生で初めてのレッカー体験。動揺しつつも考えたのは、「明後日からの旅行どうしよう?」でした。実は家族旅行を控えていて、本音を言うと「こんな暑い車では行けないからレンタカーで行こうかな」と考えていました。それもボルボには全部伝わっていたのかもしれません。結果、レッカー移動されたあと無料で代車(しかも新車!)を得て、快適な旅に出かけることができたのです。

あれ!? これって最悪のハプニングと思ったけれど、レンタカー代も浮いてむしろラッキー。

いや、待てよ。これは、ボルボからの「ギフト」かもしれない。

出会いは2019年。車がなくてもやっていける都会暮らしをしていたとき、突然ひと目惚れして買ってしまったボルボ。ワンオーナーでとても状態がよく、走行距離も少なめ。長い間、ガレージで眠っていたことが予想できました。古いけれど手入れされた状態を見ると、前オーナーに〝愛されていた車〟であることは間違いありませんでした。その想いを引き継ぎたい。納車されたとき、家族でそんな話をしたことを覚えています。

縁あって私たちと過ごすことになったボルボは、ガレージからようやく外の世界に。人を乗せて移動するという車としての役目を果たすかのように、一度も故障することなく、移住先の雪の中でもタフに走り続けてくれました。

山形では古い車に乗っていることが珍しく、「いい車に乗ってますね!」と声をかけてもらうことも多く、私たちは何もしていないのに、勝手にご縁が広がっていくんです。「修理に出すならここがいいですよ」と、必要な情報も勝手に入ってくる。見知らぬ土地で、ボルボは私たち以上に社交的なキャラクターを発揮していました。

そう、自慢の家族。

けれど、私たちの心変わりを敏感にキャッチしていました。

レッカー移動されたボルボは結局どこにも異常が見つからず、まるで「僕の出番じゃないでしょ」と言わんばかりに、絶妙のタイミングでこの時だけ故障するなんて！　予想外のギフトに、せめてもの恩返しがしたくて、ボルボ好きが集まる市場に、この車を戻そうと決意しました。家族のように大事に思ってくれる人に引き継ぐことが、私たちの最後の使命だなと。

そしていよいよ、山形から東京へと移動させる前日。またしてもタイミングを見計らったかのように、ボルボは調子が悪くなってしまったのです。大きな故障ではなく予定通り引きとってもらえましたが、まるで僕のミッションはもう終わったねと言われているようでした。

こんまりさんと同じだ……！

不思議すぎる出来事を通して、私は確信したのです。

持ち主の感情は、モノに必ず伝わっています。

悲劇が起こる前に、愛せないモノは今すぐ捨てよう

服も車と同じで、持ち主の感情が伝わっています。

しかしながら服には故障という概念がないので、わかりにくいかもしれません。大事にされているものは、少しでもいい状態でいようとしますが、その逆もあり。**大事にされないものは持ち主の役に立ちたいと思っていません。むしろ縁を切りたいと思っています。**「愛してくれないなら出ていってやる！」という感じでしょうか。

それを証明するエピソードはいくつもあります。

たとえば、私が愛用していたワンピース。ルックスはとても気に入っていたのです

が、肩まわりが窮屈なことにストレスを感じていたら、ある日自転車に乗っているときにタイヤに裾が巻き込まれて、大幅に破れてしまいました。

シルエットも見た目も好きなTシャツ。買ってみたけれど、素材感が肌に合っていないような気がして、着ても気分が上がりませんでした。こちらもアクシデントでコーヒーを派手にぶちまけてしまいました。

モノの場合は、最悪なアクシデントに繋がってしまうことも。私が乗っている電動自転車は、後ろの台座が高く、子供を乗せるたびに高く持ち上げるのがしんどくて、使いづらいと思っていました。するとやっぱり接触事故を起こしてしまいました。

モノを人に置き換えて考えてみるとわかりやすいです。

会うたびに（使うたびに）、「あなたのことイヤ、ストレスなんだよね」と思われている人（持ち主）と一緒にいたいと思うでしょうか。嫌いという負のエネルギーは、モノにも伝わっているのだと思います。

愛せない人と一緒にいるのが苦しいのと同じように、「愛せないモノ」は持ってはいけないのです。

少し話はそれますが、義理の母のキッチンは、いつも本当にきれい。モノは決して少なくないけれど、細やかに整理整頓されていて、立っていて居心地がいいのです。お皿どうしが傷つかないようにシートが挟んであったり、食洗機に使う洗剤だって液ダレして汚れないように可愛いプレートの上に置いてあったりして。こういう細やかさは私にはありません。むしろ私は、なくても成り立つエクストラアイテムはさっさと捨ててしまうタイプです（笑）。

持っているモノの量で言うなら対照的だと思いますが、どっちがいいかではありません。**結局のところ「愛せないモノは持っていてはいけない」ということ。**母のキッチンが心地いいのは、すべてが「愛されているモノ」だから。ホコリをかぶっているモノがなく、ひとつひとつに手がかけられています。愛されているから、モノも役に立とうとします。その相思相愛の形が「居心地がいい」なのだと思います。

母に「キッチンがいつもきれいですよね」と言ったら、「だって一番長くいる場所だから」と返ってきました。そう、クローゼットも同じ。毎日見る場所だから。

愛せないモノは、悲劇が起こる前に、今すぐ捨てないと！

今日が最後と思ったら、感謝体質になった

今着ている服のおかげで、あなたはどんないいことを経験できているでしょうか。

今の私は、どの服にも等しく感謝の気持ちがあって、そこにはブランドも値段も、愛用年数も関係ありません。

実はこんなふうに考えられるようになったのは、最近のこと。それまで服にありがとうと思ったことはありませんでした。

変わるきっかけになったのは、我が家に届いた賃貸マンションの契約終了の通知でした。もともと2年の定期借家物件でしたが、きっと延長になるだろうと高を括っていたらこんな展開に。仕方がないとはいえ、落ち込みました。

それ以来、この家で過ごす時間の「終わり」を意識するようになったからでしょうか。ある日玄関を開けて飛び込んできた景色に、ハッとしました。青空と雪山とのコントラスト。こんなにも美しい景色が毎日あったのに、私は味わいもせず、そのありがたさに少しも気がついていませんでした。目の前のことを素通りして生きていました。

景色だけじゃなく、この家の好きなところを探してみたら、たくさんありました。広々とした玄関、使いやすいトイレ。収納の多い洗面所のおかげで、整理整頓がうまくできたことや、風通しがよく、夏を涼しく過ごせたこと。家からたくさんの恩恵を受けていたわけです。毎日安心して眠りにつけたことも、家族一緒に美味しくご飯を食べることができたこともそう。

もちろんいいことばかりではありません。夫婦喧嘩もたくさんしたけれど、そのどれもがこの家があるから経験できたことなんです。

それまでの私は、人以外のものに感謝の気持ちを持てませんでした。

それは今日という日が明日も続くと思っていたから。でも本当はそうじゃない。

「この家で過ごすのはもう最後かも」と思った途端に、すべてが「あるのが難しい」であって「有り難い」ことなんだと気がつきました。もしもこの仕事が今日で最後なら、この友達に会えるのが最後なら、「ありがとう」しかないんですよね。

「今日、この服を着るのが最後」と捉えてみると、得ているものに気がつきます。この服のおかげで、仕事に集中することができた。大切な友達に会うことができた。家事をこなすことができた。趣味の何かに打ち込むことができた。その経験をお金に換算するとしたらいくらでしょうか。**洋服代として払ったお金以上のものを受け取っているはずなんです。**

私の人生には「有り難い」がたくさんある。そんなふうに思えるようになったとき、不動産屋さんから電話がかかってきて、

「オーナー様の状況が変わりまして、家の賃貸契約が延長可能になりました！」

えぇ!?　これにはさすがにびっくりしました（笑）。

感謝すれば、感謝したくなる出来事がまたやってくる、です！

服をケアすることは
自分をケアするのと同じ

以前の私は、Tシャツ以外は片っ端からドライクリーニングに出していました。自分で洗うときれいに仕上がらないことが多く、だったら出したほうがいい。

それが服を手放している最中に、洗濯のプロに取材したことで知識が増え、自分でもやってみることにしました。拍車をかけたのがメルカリの存在です。少しでもいい状態で売りたいけれど、いちいちクリーニングに出していられません。自分で襟汚れやシミ抜きをこなしていたら、すっかり板についてしまいました。

服のケアはやればやるほど上手くなります。今では手持ちのほとんどを自宅で洗うようになり、ドライクリーニングが可能なアイテムも、基本的には自分で洗っています。いやむしろドライクリーニングには、実は極力出したくないのです。

たとえば、私の好きなシャツ。クリーニング店に出すほうがきれいでビシッとした状態で仕上がってきます。でも、自分で洗って仕上げたときのシャツが「ふっくらと優しい表情」だとしたら、クリーニング店のものは「きれいだけど疲れ切った表情」で戻ってきます。出すほどに生地はすり減り、どんどん縮んでいくこともあります。もちろんお店によりますが、安い料金で数を捌《さば》こうとすれば、手間はかけられません。高温のプレスを使い一瞬で仕上げられる様子は、まるで服が拷問を受けているようにも見えてしまいます。高い料金を払えば、仕上がりが違うのもわかっていますが、お金があってもなくても、ケアはできるだけ他人に任せたくないのです。

それは自分のために日常の何かひとつでいいから、丁寧にやりたいのだと思います。TODOリストに追われ、今この瞬間をゆっくり味わうことなく過ぎていく毎日に、このままだとクリーニング店に出したシャツのように自分が擦り切れてしまう。

だから私は洋服のケアをしながら、自分自身をケアしているのだと思います。**服を長持ちさせたいだけでやっているわけではなく、私が私に戻るために必要なのです。**

私にとっては服のケアですが、ある人にとっては、圧力鍋は使わず煮込み料理を作る時間かもしれないし、靴を丁寧に磨いているときかもしれません。またある人は、家中の白いものを漂白しているときと教えてくれました。みなさんにもきっとあると思います。

「変わりたい」はクローゼットに表れる。違和感を見逃さないように

日々クローゼットに向き合い、服一枚一枚に触れるのが私の習慣ですが、突然やってくる「あ、違う！」という感覚。「縁が切れた服」は心がぴくりとも動かないのですぐわかります。この感覚に従って、定期的なクローゼットのデトックスをしてきましたが、あるとき、これまでとはレベルの違う感覚がやってきました。正直なところ、クローゼットを丸ごと手放していいと思うくらいの違和感を覚えたのです。

そのとき思ったんです。あ、私、大きく変わりたいのだと。

人がずっと同じであり続ける必要がないように、クローゼットもそうです。むしろずっと同じであり続ける方が不健康です。

さすがに手持ちのものを一掃してしまうと明日着る服に困るのでやめましたが、自分の中にある「変わりたい気持ち」を静かに受け入れることにしました。では次に何が欲しいのか？　答えが見えず、そのシーズンは服をまったく買いませんでした。

買いたい気持ちになるまで無理して買わない。焦らない、慌てない。

こうやって自分が作り上げたワードローブを壊していくこと。マイルールすらも白紙にして、なりたい私のために何度でも生まれ変わっていきたいと思っています。**ずっと同じワードローブであり続ける方がラクだけど、変化の波がきたときは勇気を持って安全圏を脱出する**ことも必要なのだと思います。

もっと軽やかに、変わり続ける私でありたい。

ワードローブのリニューアルは「起点の一枚」を作ることから

意識的にワードローブを変えるには、「起点となる一枚」を作ることからはじめます。それは「未来の自分が着ているだろう服」のことです。たとえば私の場合は、今までの自分では選ばないような真っ赤なロングワンピースでした。地味な色が好きな私からすると、明らかに浮いていて、ワードローブの調和を乱す一枚です。

「未来の自分が着ているだろう服」の特徴は、

・今までの自分だったら手にとらないような服
・背伸びしている感覚がある

・着てみたとき、感動やワクワク感など体感が伴う
・「こんな服でこんなことをしていたい」という未来の一コマが思い浮かぶ

出会ったら、着回しできるか、合わせる靴があるかなど頭でいろいろ考えすぎずに、迷わず買うのがおすすめです。

未来の自分が着ているだろう服を手にしたら、クローゼットに入れて眺めます。未来の服は鮮度たっぷりで、見るだけでワクワクするでしょう。比べてみると、これまで持っていた洋服は少しくすんで見え、「まだ着られるけれど、もう着たくない」というものが出てきます。さらに絞り込むために、次は「未来の自分」をインストールして眺めていきます。こんなふうに生きていたいという「未来の私」になりきり、その私が着ていたいかどうかで取捨選択していきます。まだ着られるかもしれないけれど、未来の自分にとって不必要なものを排出していくイメージです。

ここでやってはいけないのが、「まだ着られるか」という「今の自分」の視点で選

んでしまうこと。この視点を入れてしまうと、結果的に変わり映えのしないワードローブになり、現状維持の自分を招くことになります。

そして注意したいのが、この作業をやっているときは必ず変わろうとする自分を阻止する力が働くことです。「もったいないことをするな」とか「好きだったでしょ？」などの引き留める声は、思考が作り出すもの。本当の自分の声ではありませんので、前に進む覚悟を決めて、振り切ることがポイントです。

こんなふうに**洋服が持つ本来の力を使って、なりたい自分を手に入れていく**のが私は好きです。トレンドやブランド、プライスなどのスペックで洋服の良し悪しを決めるのではなくて、ありたい自分でいられる服かどうか。なりたい自分に引っ張っていってくれる服なのか。安かろうが高かろうが関係ありません。あなたが選んだなら、どんなものも〝いい服〟〝価値ある服〟です。そんな服を「ウェルビーイングな洋服」と呼びたいし、人に必要な服だと思っています。

肌には意思がある。
オンラインでも肌感覚を大切に

2020年、はじめての緊急事態宣言は、私にも大きな変化をもたらしました。それまで毎日のように仕事でたくさんの服を触っていた人間が、突然、「洋服断ち」を迫られたのです。明けてからオープンしたての商業施設「ニュウマン横浜」に仕事で行ったときのことは、今でも覚えています。

各ショップの店頭にある商品を一枚一枚触りながら回っていると、ふと「この服を着てみたい！」という猛烈な衝動に駆られる服が数着あったのです。やわらかい手触りと、日本製ならではの実直な生地感。ラックにかかっている一着を手にとってみるも、全体像を把握したとき「このデザインは私には合わないかな……」と考えて、結局試着には至りませんでした。

いや、ちょっと待てよと。思考が試着を止めたけれど、肌は着てみたがっていたことに気がつきました。コロナによる先の見えない不安と、リアルの場が失われた孤独感で、思った以上に心理的なストレスを抱えていたのかもしれません。私の肌は、心がほどけていくようなやわらかな肌触りを求めていました。そのときから、もしかしたら「肌には意思があるのではないか」という仮説を持つようになりました。

服を買うとき、どんなに素材や肌触りがよかったとしても、デザインやシルエットなどの見た目がしっくりこないと試着すら避けてしまい、視覚からの情報を優先することが多いと思います。

けれども、**「あの人とは肌が合う」と言うように、服選びも自分の肌感覚にもっと頼ってもいいのではないか**と思うようになりました。そのときの自分に必要な服を、肌に選ばせるのです。デザインやシルエットなどの見える情報をもとに思考にリードさせると、過去の経験から判断するため、「この手の服は失敗した」「似合わないと言われた」などのトラウマが制限をかけてしまうことがあります。似合うものはどんどん変わりますので、選んでいるようで実は自分を輝かせてくれる服を逃していることもあるかもしれません。

ときには肌にリードしてもらい、いいなと感じたものは似合わないと決めつけないで思いきって試着してみる。そんな買い方もときにはあってもいいのだと思います。

服を捨てたあとの私のワードローブを観察していると、**リアルショップで購入したもののほうがクローゼットに根付きやすいと感じています。**試着してサイズ感を確かめたことも要因ですが、ちゃんと肌で感じているからだと思います。着てみて服の感触を体全体で受け止めたとき、どんなことを感じたのか。「この服を着たら毎日が楽しく過ごせそう」「この服を着てあの場所に行ってみたい」。服と肌が共鳴すると、感情が揺さぶられ、未来の一コマまで見せてくれることもあります。そういう服が結果的に私のワードローブに長く残っていました。

オンラインのみで展開しているショップや、居住地によってはオンラインに頼らざるをえない状況もあると思います。そんなときも私は絶対に試着してサイズ感だけでなく、肌感覚を確かめるようにしています。返品するとなると送料を負担することが多いですが、それでも肌が欲しいと言っているかどうかを聞くようにしています。返品不可の商品であれば、無理して購入しません。

私たちの肌はとても正直に必要なものへと導いてくれるのだと思っています。

「ダサい」はテイスト。洋服とは競うものではない

娘は、気に入らないものは絶対着ないという超こだわり派。それはいいのですが、問題なのは「親が思う可愛い」と「娘が思う可愛い」が全然違うんです。ハート柄のアウターにくま柄のタイツ、キャラクターのバッグ。単体で見ると可愛いのですが、好きなものを全部ミックスするから変なコーディネートになるわけです。

まわりを見れば大人顔負けのおしゃれコーデで決めている子もいるわけで、比べてしまうと娘の格好にがっかり。ダサくて一緒にいるのが恥ずかしいとまで思ってしまう私がいました。

こういうイヤな感情になるときは、必ず自分の中に勝手な「思い込み」がありま

す。調和のとれたコーディネートは◯で、娘のようなチグハグなコーディネートは×と決めつけていることに気づきました。

でも、チグハグなコーディネートを◯にしてみます。柄と柄を合わせるセンス。「そうだ、うちの娘は早くもモード系」と捉えることにしてみたら、一気に気持ちがラクになったんです。

モードの世界は、ハイブランドのランウェイを見てもわかるように、街でリアルに再現するには難しいコーディネートもたくさんあります。**モードもコンサバもカジュアルも、ファッション雑誌に種類があるように、いろんなテイストがあっていい。競い合ったり、ジャッジする必要もないですよね。**「自分の物差し」を変えてみたら、娘の格好が一切気にならなくなりました。

冷静になって考えると、「親がいいと思う服を着てもらいたい」、つまり私は子供をコントロールしようとしていたわけです。自分の気持ちよりも親の顔色を窺いながら服を選ぶようになったら、人生においても自分が信じた道よりも親が望むような道を歩もうとするかもしれない。娘には好きなことをして楽しく生きてほしいと願いながらも、私がやっていたのは「服は決めさせないけれど、自分の人生は自分で決めてね」という、なんとも傲慢な話じゃないですか。

たとえ家族であっても、娘と私は別の人間。服も人生も、娘に決めさせよう。親としてのスタンスが定まってからは、「あなたはどう思う？　どうしたい？」が口癖になりました。

自分がいいと思った服を選び、好きなように着る。小さなことかもしれませんが、自分で選べたという満足感の積み重ねが、必ず大きなことに繋がると信じています。小さなことだけど自分で選べたなら、この先の大きなことだって力強く選択できるはず。母さんはあなたの未来が楽しみだ！

第 8 章

捨てて、
人生が動く

仕事も家事も、苦手なことを捨てられた!

洋服からはじまり、家中のモノに対して「いる」「いらない」の判断が素早くできるようになったら、今度は仕事に対しても「いる」「いらない」が見えてきました。

フリーランスの私は、仕事をいただく立場。嫌われれば仕事を失う可能性だってあります。得意じゃないことまで引き受けて苦しくなることがよくありました。ダメな人と思われたくない。「できない」という弱みを見せることにものすごく抵抗があり、常に完璧を目指そうとしていました。

でも、**服を捨て、着こなすのが得意じゃない服を手放せたように、仕事でも得意じゃないことを手放したい。**

そこで勇気を持って、仕事のチームに伝えてみることにしたのは、40歳近くまで自分の弱さをオープンにできなかった私にとっては、とても大きな一歩でした。

「こういう部分が私は苦手で、誰かできますかねぇ……」

たとえばそれはエクセルを使ったデータ分析だったり、ソフトを使った作業だったり。得意じゃないことを思い切って宣言してみたら、「得意な人」はちゃんといて、カバーしてもらえたんです。

そうか、私が「得意じゃない宣言」をすることで、できる人が活躍できる場所を創出できた。むしろ私がでしゃばることで、得意な人が輝ける場所を奪っていたのかもしれません。

そう気がついてから、今度は夫に料理はできるだけしたくないと相談しました。やらなければいけないと自分に強制してきたけれど、味が決まらなかったときに何を入れたらいいかわからないというポンコツぶり（笑）。一方で、簡単な料理でいい娘のお弁当とお菓子づくりは得意なんです。

全部じゃない。苦手なことだけ手放せばいい。

「できない自分」は恥ずかしいことではなく、認めてオープンにしていけば「できる人」を素直に尊敬でき、自然と感謝の気持ちが湧いてきます。そして余計にエネルギーを消耗しなくていいからものすごくラクになります。苦手なことを宣言する代わりに、得意なことに集中させてもらえるのもありがたい話です。捨てたらラクになる。

モノだけの話ではないのだと思っています。

「いい人」をやめてみたら、長年の不調が消えた！

小学校の頃から風邪は喉からくるタイプでした。痛いと思ったら次の日には扁桃腺が腫れ上がり、高熱、長引く咳。大人になってからはさらに重症化し、扁桃腺が腫れるせいで食事ができない、声も出せない状態が数日続きます。これはどうすることもできず、私はそういう体質なのだと思っていました。

それが服を捨てることに着手してから、パタリと消えたのです。毎年のように苦しめられていた扁桃炎はどこへ!?

それはきっと服を捨てたのを機に「いい子」を卒業し、我慢しなくなったからだと思います。

小さい頃からまわりの顔色を窺って「いい子」で過ごし、会社員時代も上司に気に入られる部下でいたいと思っていました。フリーランスになってからは仕事を失ってはいけないと、ノーは言わないように、波風を立てないように生きてきました。

「これを言ったら嫌われるかもしれない」「私の評価が下がるかもしれない」「誰かを傷つけてしまうかもしれない」。そう思うと口に出せませんでした。やりたくない仕事を任され、上司に言いたい文句は山ほどあったけれど、ぐっと堪えて「わかりました」とだけ口にするシーンが何度あっただろう。仕事だけじゃなく、友達や家族にも同じでした。

ずっと我慢してきた「自分の本音」が私の喉にたまっていました。

私、「いい人」やめる！　もう嫌われてもいいや。

最初の一歩は、とても小さなことでした。今日の会議で、ひとつだけ思ったことを口にしてみよう。そうしたらとても気持ちよかったのです。言って議論になったこともあります。私の意見が採用されるかどうか、言った後の展開はどうだっていいのです。ただ伝える、自分を表現していくだけでいいのです。

「嫌われるかも」「評価が下がるかも」「傷つけるかも」という恐れは「幻想」です。だいたいが恐れたような現実にはならないものです。勇気を持って最初の一歩を踏み出すと、どんどん怖さは薄れていきます。今となっては、もう我慢することはありません（笑）。思ったことを言う、よく喋る人かもしれません。

いい人をやめてから扁桃炎は一度もかかっていませんし、軽く喉が痛い日があったら、「最近、我慢していることとないかな」と自分に問いかけるようにしています。原因だと思うことを取り除くと、不思議と痛みが消えるんです。

体が教えてくれる不調。それは、「自分の本音」と違う生き方をしているサインなのだと思います。だから、一日のうちできるだけ「自分の本音」で過ごすようにしたいと思っています。

本当は今日のランチは和食が食べたいのに、同僚に付き合ってイタリアンに行く必要はありません。本当は寝たいのに、無理して家事をする必要はないのです。

好きな場所で好きに働きたい！　が叶う

仕事でご一緒するアパレルブランドやメーカーの多くが東京拠点。フリーランスではあるけれど、東京からは離れられそうにない。もしも好きな場所で暮らして、好きな仕事ができたら最高なのに！

夢のまた夢だと思っていましたが、ある日突然、一番のストッパーになっていた夫が、「会社を辞めようかな……」と言いだしたことで急展開を迎えました。当然びっくりしたのですが、次の瞬間には、念願叶って好きな場所に住めるのかと移住が思い浮かびました。けれど引き止めるような思考が次々にやってきます。

夫の新しい仕事は見つかるのか？　私の仕事はどうなる？　子供は新しい生活環境

になじめるのか？　など不安になることばかりが浮かぶわけです。

家族が関わってくると自分の本音は、きれいに取り出せないもの。

そんなときは必ず自分に問いかけます。

「家族も何も気にしないでいいなら、私はどうしたいだろう？」

絶対無理だと思っていた、好きな場所で暮らして働くことに最高にワクワクしてしまったのです。新しい環境に身を置くことも、引っ越しすることも好き。本来の私とはそういう人間だけど、家族のことを思うからこそ、自分でブレーキをかけてしまっていました。自分の気持ちを伝えたところでどうなるかはわかりません。けれど**「本当のところ、私はこうしたい」という本音を抽出するのと、本音を知らずに生きるのとでは、自分への信頼感が大きく変わってきます。**

家族を説得し、2020年秋、夫の実家がある山形へ移住しました。

コロナのせいで帰省もままならないなら、いっそ大好きな義父母の近くに住んで楽しく過ごしたい。自然の多い環境での子育ても、私のやりたいことでした。仕事についてはコロナの影響もあり、オンライン化されたことも多く、月に数回、必要なときに東京に行くようなスタイルに変えました。

なんでも揃う住み慣れた街と家を手放して、失う仕事もあっていいと覚悟しての移住でした。家族を巻き込みながらも、こんな大きな決断ができたのは、小さなことを捨て続けたから。たくさんの不安と恐れを乗り越えてきたから。自分の内側を見ることから逃げなかったから。服を捨てたことが私を強くしてくれたのです。

住み慣れた環境を手放したら、必要なものが入ってきた！

繰り返しますが、**捨てたら自分に必要なものが入ってくるのは、絶対法則だと思っています。**

私が東京での生活と家を手放し、山形に移住したことで入ってきたのは「出会い」でした。

ひとつ目は、移住先でも続けたいと思っていた趣味の書道。ピンときた書道教室の門を叩いてみたら、レベルの高さにびっくりしました。草野球メンバーがいきなり大リーグに入ったような感じです。「近代詩文書」や「大字書」という、どんな言葉をどう表現してもいいという創作の世界。古典の臨書ばかりを勉強してきた私には、まるっきり別世界でついていくのに必死でした。

けれど、私の世界は確実に広がったのです。

1年目、体より大きな紙を前にして何をどう書いていいかわからなかった私が、2年目になるとこんな言葉をこう表現してみたいという意思が生まれ、表現方法を勉強したり、道具を研究したり。絶対に追いつけない師と志の高い仲間に出会えて、自分の未知の力を引き出してもらったのです。


ふたつ目は、ヨガ。素晴らしい先生に出会い、いきなりやる気スイッチが入ってしまいました。体が硬い私でも、やれば変化していきました。思い込みがごそっと外れるような気づきは、本気でやらないと得られなかっただろうと思います。

新しい住まいで出会ったクローゼットもそうです。ゆったり服を掛けられる広々としたクローゼットが欲しいという願いが現実になりました。箱が変われば収まる服も違って見えるもの。ますます自分のクローゼットが好きになり、ぽろっとそれを口にしたことが連載をはじめることに繋がり、こうして本になりました。

服を捨てはじめたあの頃には思いもしなかった自分がいます。

何かを手放して、何かを得ていく。

それは、私たち人間に備わっている呼吸機能と同じだと思っています。実際にやってみるとわかりますが、吐くことに意識を向けていれば、自然に空気が入ってきます。逆に吸うことに意識を向けていると、負荷がかかってしんどくなります。

何かを得ようと必死になるよりも、ただ吐いていればいい。何が入ってくるのか、ワクワクするくらいでいいのだと思っています。

自分が変わると、
家族も「本当の自分」を生きだした！

1000枚の服でごった返していた頃、私のと対照的だったのが夫のクローゼットです。メーカーの営業マンとして働く夫は、仕事着であるスーツとワイシャツがビシッと並んだ美しいクローゼットの持ち主でした。毎週クリーニングに出すのが習慣で、乱れた状態を見たことは一度もありません。

ところが私が服を捨て、本来の自分を生きはじめた頃、夫のクローゼットに違和感を覚えるようになりました。きれいに整頓され、愛されている服が入っているのに何かが違う。手をかけられている状態であるにもかかわらず、服が輝いて見えない。

これは持ち主と服が合っていない！

本当はスーツを着たくないのかな。夫が仕事を辞めると言いだすのも、時間の問題だと覚悟しました。

そもそもなぜ夫は、スーツを着るような仕事を選んだのだろう。それは両親を安心させられる人間でありたかったからだと思います。まともな人間でいなければいけないと、親の思いを察し、新卒で入ったのが安定性のある企業でした。10年以上も毎日スーツ出勤をしてきたけれど、本当に憧れていたのは、服装に縛りのない自由な働き方。営業の数字を追いかけるのではなくて、自分の楽しさを追いかけていける仕事。

夫のクローゼットに入っていたのは、スーツに姿を変えた「親」でした。

圧力をかけられたわけではないけれど、子供であれば無意識のうちに抱いてしまう「親をがっかりさせたくない」という思い。実際のところ親にしてみれば、いい企業で働いてくれることよりも、どんな仕事であってもいいから健康で幸せに暮らしてくれたらそれでいい、というのが本音だったりします。夫は料理が得意で、誰に対しても垣根がなく、悪口もグチも聞いたことがなく、みんなに助けてもらえるキャラクター。我が子に光るものがあることを一番よく知っているのも親なのだと思います。

あるとき夫は腹を決め、私よりも先に両親に会社を辞める報告をしていました。

私たちは夫の退職を機に、山形へ移住。スーツを手放してひとまず主夫になった夫は、今までになくすっきりした表情をしていました。クローゼットにあった重たい空気も消え、晴れ晴れして見えました。

そう、**もっとも手放せないと思っているものこそが、人生を詰まらせている太い栓。**これが抜けると、人は想像もできないほどに大きく変容していくのは私も体験済み。必要なものは必ず入ってきます。

夫の場合は、仕事を手放し、たくさんの「ご縁」を手に入れてきました。

そのひとつがアシュタンガヨガとの出会い。そのスタジオ、その先生、その仲間たちがいなければ続かなかったかもしれません。だから引き合わせてくれた「ご縁」こそが、手放して入ってきた「目に見えないもの」。

毎朝プラクティスに通うこと1年半。思いもしなかったのが、運動量のおかげで食事制限をすることなく15キロも減量。子供の頃から肥満体型だった夫が、人生ではじめて引き締まった体を手に入れていました。服のサイズも変わり、好きな服を選べる楽しさも経験し、世界が一変していました。

アシュタンガヨガという人生をかけて大事にしたいものを手にしただけでなく、そこから広がっていく無限のご縁。スーツを捨てたからやってきたのです。

今の夫のクローゼットは、きれいとは言い難いけれど好きな服が並んでいます。でも、これが本来の姿。持っている服の数や見た目の美しさははっきり言ってどうだっていいのです。**大切なのは、本来の自分とクローゼットが繋がること。自分自身を生きること。**自分以外の人を変えようとする必要はありません。本当の自分を生きはじめると、そのさざなみは必ず広がっていくのだと思っています。

絶対に無理だと思っていた実家の片づけが始まった！

広島の実家に住む父は、５度目のがんで闘病中。10年以上も前、初めてのがん宣告を聞いたときは相当落ち込みましたが、今となっては「えっとこれ何回目だっけ⁉」みたいなノリ。受け入れる家族としても少し免疫がついてきました。幸い、普段どおりの生活を送ることができ、言われなければがん患者には見えない働きぶり。退職してからの父は、地域の仕事をいくつも引き受けていて忙しいのです。がんが発覚してからも精力的に仕事をこなしていました。いやじっとしていても、暗くなるだけだから、というのが父の本音かもしれません。

今回が今までと違うのは、手術ができないこと。１年以上も続いている抗がん剤治療。弱音を聞いたことはないけれど、父はどれほどの苦しみに襲われているのだろうか。時折見せる不安な顔に、心配が募りました。

そんな父をサポートする母は、頑張り過ぎて体調を崩し、寝込む日が増えていました。弱っていく両親を前に、娘の私ができることはなんだろう。そう思いながらも実家に帰るたびに一刻も早く逃げ出したくなってしまう私。だって、モノが多すぎるんだよ！

両親は祖母の介護をきっかけに、隣に建つ祖父母の家に移り住みました。祖父母が生きていた頃は葬式も法事も家で執り行うのが普通。めったに使うことのない大量の食器や来客用布団。祖父母が持っていたモノがそのまま残っていました。私たちが育った実家だって今では誰も住んでいないのに、そっくりそのままの状態。もったいないが口ぐせで捨てることを知らない母と、捨てるところまで手が回らない父。家がきれいになることはなく年々モノが増えていき、埃をかぶっていくだけ。**愛されないモノが放つ不穏な空気のせいで、いつしか実家に帰るのがストレスになっていました。**

どうせ親は変わらないのだ。母のように捨てられない人は、ずっと捨てられないのだ。モノがなかった時代を生きた親世代には、捨てるなんて無理な話なのかもしれない。勝手に捨ててブチ切れられたこともある。両親が生きているうちは家の片づけはできそうにない。死んだら業者に頼んで一気にやろうというのが、姉との共通認識でした。

いや、ちょっと待って。今日という日が父に会える最後になるかもしれない。だったら言わずにはいられない。ある日そう思った私の腹にぐっと力が入った。

「なぁ、お父さん。7年前に私は服を1000枚捨てた。服という一番大事に思っていたモノを捨てた。それでわかったことがある。それはな、何かを手放せばその人に必要なものが入ってくるってこと。姿形を変えてブーメランのように必ず戻ってくるんよ。お父さんはモノなんて別に捨てなくてもいいと思っている。けどな、**この家は使われていないモノがたくさんあって、明らかに不自然なことになってる。不健康な家は、住む人を不健康にする。**なぁ、それが今のお父さんとお母さんなんよ」

はじめて聞く娘の断捨離話に、そばにいた母は目を丸くしていました。これまで言わなかったのは、こんな話をしても親に響くはずがないと思っていたから。1000枚も!?　と驚く父。

「なぁ、お父さん。このまま抗がん剤治療を続けるほかに、やれることがある。それはな、モノを捨てるってことなんよ。なぁお父さん、私は服を捨てて不調が治った。いつか使うから手放せないと思い込んでいた仕事の資料を捨てた次の日、まーちゃん（娘）の妊娠がわかった。溜め込みすぎた本を捨てたら、優良企業に転職できた友達もある。なぁ、お父さん。みんなちゃんと必要なものが入ってきているんよ」

父にとって一番捨てられないのが、意外にも祖父の本でした。農業の研究者であり、本を何冊も書き上げた祖父は、父にとって偉大な存在だったのだと思います。

「なあ、お父さん。人それぞれ一番手放せないものがあって、それが人生を大きく詰まらせている。お父さんの場合は、おじいちゃんのモノよ。**お父さんがおじいちゃんのモノを捨てられないのは、モノを通してただおじいちゃんの存在を感じたいからなんよ。**それはモノがなくても今この瞬間、感じることができる。お父さんは、いつもおじいちゃんに守られている。今こんな状況になって、おじいちゃんに『助けて』って言いたいじゃろ？　だから捨てるんよ。おじいちゃんが大事にしていたモノを捨てて、何が入ってくるのか見届けてほしい」

気がつけば2時間、ぶっ通しで喋っていたと思います。私が服を1000枚捨てて確信した「捨てたら必ず必要なものが入ってくる」というブーメランの法則。捨てたモノの代わりに必要なものを得て、変わっていく人を何人も見てきました。父にもこの法則が働くはずだから、私だって見届けたいと思ったのです。死んでからじゃ遅いんだ。病気が消えるような奇跡でなくてもいい。病気を前向きに捉えられるようなご縁や情報。少しだけ心が軽くなるような出来事かもしれない。あるいは、病気のことを忘れてしまうほど夢中になれる何かかもしれません。

私の熱弁がきいたのか、父と母は目をキラキラさせていました。

「よし！　捨てる！」

病は気から。だとしたら、家の気を動かす！

実家のモノが教えてくれた、許せない親を許すこと

親の捨てる決意を勝ち取った私は、心の中でガッツポーズをしていました。翌日会った友達に「あれ、顔がスッキリした？」と言われたくらい、ずっと心のどこかに引っかかっていたのだと思います。親にしても、もしかしたら「捨てるきっかけ」がほしかったのかもしれません。聞けば「どうにかしないと」という思いはあったよう。

姉も巻き込んで、実家と祖父母の家の二軒分の片づけがさっそくスタートしました。けれど、その作業は精神的にも肉体的にも、はっきり言ってキツイ。私たち姉妹が使っていた哺乳瓶までとってあるくらいですから、50年近く溜め込んだモノの量は相当でした。しかも古い戸建ての収納力にも驚きました。

やり始めてわかったのは、80歳にもなると日々の生活だけでも精一杯ということ。捨てるという決断はできても、ゴミをまとめていくほどの体力はありません。**親が死んだらもちろん、生きていても、年老いてしまえば結局片づけるのは子供の仕事なのだと痛感。**

それから捨てぐせのついていない人は、いきなりの局面で、何を残して何を捨てたらいいのかが見極められないのです。業者に頼んで一気に引き取ってもらえなかったのもこれが理由。何年も開けてこなかった段ボールの中身をひとつずつ確認しては迷い、なるべく残そうとする両親に私が言い放ったのは、

「80になって〝いつか使う〟はもうないんだから、今使っていないモノは全部捨てて！」

想定外だったのが、捨ててこそ味わえるスッキリ感がまったくないこと。夫婦二人暮らしなのに、6LDKの戸建て。つまり、使っていない部屋がほとんどなのです。そんな部屋がいくらきれいになろうとも、普段閉まっている押し入れの中が空っぽに

なろうとも、いつも見ている景色は変わらず、捨てたのに捨てた感がない！　朝から晩までヘトヘトになりながら大部分を片づけているのは私。こんなにやっているのに達成感がない。終わったと思いきや、天袋を開けるとモノがびっしり！　倒しても倒してもどんどん出てくる敵に、もううんざり……。しまいには疲れもたまり、怒りが噴き出していました。

「なんで私がやらんといけんのよ！　あんたらが溜め込んだ荷物を、どうして子供が片づけんといけんのよ！　自分たちの人生じゃろ？　自分で片をつけてよ！」

自分のモノはともかく、人のモノを、わざわざ帰省して体力もお金も使って片づけなければいけない屈辱。なんで私が親の尻拭いをしなければいけないの？　悔しくて、悲しくて、涙が出た。

両親への怒りにどう折り合いをつけたらいいのだろう。その日乗ったタクシーの運転手さんに、思わず我が家の断捨離問題をぶちまけていました。

「お客さん、わしは親御さんを説得できたあなたもすごいと思うよ。けどな、親御さんはもっと立派だと思ったよ。**だいたい歳をとれば自分の信念なんてそう簡単には曲げられんよ。**わしの母親は90歳近くになっても絶対モノは捨てん。言い争いになるから、これ以上は何もできん。親と子で意見が分かれたら、どっちかが折れんといけんのよ。部外者が言うことじゃないけど、**親御さんのことを褒めてあげてもいいんじゃないん？**」

え、親を褒める？　考えたことのない視点でした。でも今の私には、親に優しい言葉をかけるなんて無理。子供にこんな思いをさせる親を許せるはずがない！　けれど、今までとは違う見方を知ったことは、意味があったと思います。

母の洋服ダンスを整理していたときのこと。どれも見覚えがあるから、当時の記憶がふっとよぎりました。母が着るのは決まってピンクなどの明るい色。しかも花柄ワンピースやセットアップとくれば、スーパーでも参観日でも一人目立つ存在。そんな母の格好を恥ずかしいと思ったことはなく、むしろ誇らしかったこと。服とは楽しいものだと一番最初に教えてくれたのは母だったことに気がつきました。でもなぜ田舎でこんな派手な服を？　何かにつけ不器用な母は、落ち込んでいることも多く、せめて服からは元気をもらいたかったのかもしれません。

一方、父は真面目な性格。家を継いでから家長としての責任をずっと感じていたと、片づけの最中に話してくれました。読みもしない祖父の本をそばに置いて祖父の存在を感じていたいほど、父はずっと孤独だったのかもしれません。

母と父。それぞれを一人の人間として捉えて、歩んだ人生を辿ってみる。もしも今、隣に私と同い年の父が座っていたら、私はどんな言葉をかけるだろう。同い年の母が落ち込んでいたら、私はなんて言うだろう。

親は親なりに精一杯生きているのだ。許せないところをほんの少し理解できたとき、自分の中で何かが少しずつ溶けていくような気がしました。

1回目のゴミの運び出しが終わってから間もなくして、誰も想像していなかったことが起こりました。父の主治医が異動！　事務的な態度がどうも苦手だったというその先生に代わり、不安や心配ごとを打ち明けやすく、父にとっては安心できる新しい先生がやってきたのです。たとえ治療方針は同じだったとしても、相性のいい先生だと病気への気持ちも変わるもの。

思わず言ってしまいました。

「な、お父さん、言ったじゃろ？　捨てたら必ず入ってくるって！」

COLUMN 服を捨てる6ステップ
——結婚・出産・給料アップ。ものすごい速さで人生を変えた友人の実例

保険会社に勤める、友人のKさん（30代）。頭のよさと、誰にでも愛される人柄であっという間に出世。けれどもプライベートでは悩みが多く、結婚したい、子供を産みたい、給料を上げたい……自分の人生を動かすため、私がサポートしながら断捨離を実施。

［ステップ1］2年以上着ていない服を捨てる

まずは服を絞ります。ここで重要なのが「着ないのにどうしても捨てられない服」に向き合うことです。Kさんの場合は、家族にもらった服や自分へのご褒美に買った服がそうでした。その服を手放したとき「何を失うことを恐れているのか」、一枚ずつ手にとって自問自答してもらいました。服や他人、過去の自分への依存を断ち切り、今の自分に軸足を戻すのが目的です。

捨てる服なのかどうか迷ったときは、着てみます。どんな気持ちになるのか、必ず「体感」を使って判断します。好き！　明日も着たい！　というポジティブな感情にならない服は、手放したほうがいい服です。

また、「いつか出番があるかもしれない服」のいつかは大抵こないです。2年以上着ていないなら、確実です。それでも捨てられないときは「捨てたら必ず必要なものが入ってくる」（P58）と呪文を唱えてみてください。

［ステップ2］どんなものが残っているのか、向き合う

Kさんは9袋の服や小物を捨てました。そして残った服をしっかりと把握します。

Kさん「すっきりしたけれどまだ服が多すぎる気がする。残した服は1年以内に着た服がほとんどだけど、着たいというより、仕事で着る服にバリエーションをつけたくて持っているもの。会社でおしゃれだねって言われたい気持ちがあるのかも」

私「じゃ、すごく好きで、予定も天気も気にしなくていいなら明日着ていきたい服はどれ？」

Kさん「え……、一枚もなさそうな気がする……」

特別気に入ってもいない「とりあえず着ている服」がクローゼットを占拠しているのです。それはつまるところ、自分の人生に対して「どうでもいい」と匙《さじ》を投げているのと同じ。かつての私もそうでした。ワクワクしないクローゼットは、ワクワクしない人生をもたらします。けれども主体的になり、しっかり選び抜いた服が入ったクローゼットは、人生に対しても進みたい道へと自分で操縦できるようにしてくれます。

クローゼットに「どうでもいい服」は必要ありません。その代わり絶対に入れたいのが「今ありたい自分のための服」と「未来のなりたい自分が着ているだろう服」です。

［ステップ3］理想のクローゼットを探してワクワクする！

ここからのステップは、自分の内側の声を知り、自分に勝手にかけている制限を外すのが目的です。

もしも新築の家を建てることになり、クローゼットを好きにオーダーできるなら、どんなものがいいか、好きな画像を集めます。

「少ない服をゆったり置けるようなクローゼットにワクワクした！　逆に、コレクション的にたくさんの服や小物を見せる収納には惹かれないことに気づいた」とKさん。

欲しいものにワクワクし、眠っていた体感が戻ってきたことで、なんとなく持っている服に対してどんな感情があるのか、気づきが出てきます。

・仕事では服にバリエーションを持たせたいと思っていたけれど、実はジャストサイズのブラウスとパンツ、ジャケットが一番心地よくて、好きなスタイルだと気づいた。
・休日用の私服がやたらある。なのにいつもコーディネートに困ってしっくりこない。
・収納ケースが気に入らない。

服を捨てはじめて1週間で、大雑把に捉えていた服をもっと細かく見るようになり、クローゼットに対して心地いいかどうかの感情が生まれてきました。大きな進歩です。

【ステップ4】理想の暮らしにワクワクする！

理想のクローゼットがあるのはどんな家で、どんなふうに毎日を過ごしたいか、好きな画像を集めます。Kさんの場合は、「自然を感じられる暮らし」や「広いリビングルーム」などでした。

「はじめて自分の好みの方向性と向き合えた感じがした。正直、このプロセスにこんなにワクワクすると思っていなかったけれど、やってみたら盛り上がってしまってピンタレストをずっと見ています！」と楽しそうなKさん。

［ステップ5］ 目指すゴールを設定し、思い込みを外す

ワクワク感に弾みがついたところで、いよいよ本題。「こんな格好をしてみたい！」「こんな私になってみたい！」という着こなしの画像を集め、目指すゴールを設定します。観念や思い込みがあって「私には無理」と思っていたKさん。私のカウンセリングでそれらを取り除きながら、Kさんの本来のよさや行くべきショップ、見るべきアイテム、おすすめコーディネートを伝授しました。これは今ありたい自分の姿をはっきりさせてワードローブに軸を作ることが目的です。

Kさんのワードローブをパッと見たとき、方向性が定まっておらず、あれこれバリエーションを広げすぎている印象を受けました。「Kさんのよさを生かせるファッション」を自覚してもらうことで、それ以外の服を手放しやすくしました。

以前よりもワードローブに向き合う時間が増えたことで、Kさんにもさまざまな変化が起こってきました。

・もともと服が好きだと思っていたけれど、以前よりも服が好きになってきた。

・過去に似合わないと友達に言われたことがトラウマになって避けていた格好が、実は自分がやってみたいものだったと気づいた。
・今まではインスタでいろんな人のコーディネートを見て、なんとなくいいなぁと思っていたけれど、見たい人が限られてきた。
・無理して流行を追いかけるのをやめたら、そんな自分が心地よいと思えるようになってきた。

そのほか、服だけでなく家にあるモノも把握したくなったり、仕事のやり方も見直してみたり、将来のやりたいことにも真剣に向き合うようになったKさん。

【ステップ6】実際に着て、リアルなワクワクを体感する！

ふたりでショップに行き、「こんな自分になってみたい！」というコーディネートを実際に着てもらいました。
「私なんかが……」と最初は尻込みしていたけれど、そんな謙遜はいりません。とにかく見て触って、気になるものは着てみます。値段や着回しができるかなど頭で選ぶのではなくて、理屈抜きに「これいい！」「欲しい！」「これを着ている私になりたい！」。そんなふうに強く心が揺さぶられる服をKさんに体感してもらいます。

〝心がワクワクする感覚〟を摑んでから今あるワードローブを見てみると、いかに心が反応しない服を持っているかに気づき、持つことへの執着が薄れてきます。断捨離が一層進んだKさん。本当に着たい服を見つけたくなり買い物に出かけたところ、ワクワクする服を見つけたそう。これだ！　と思い、値段も見ずに即決。とても満たされた気持ちになったと報告してくれました。

このステップが終わって3日後、Kさんは理想のパートナーに出会い、またたく間に結婚、妊娠。1年経たないうちに〝欲しい〟を全部手に入れました。

おわりに

服がなくては生きていけないと思っていた私が、服がなくても大丈夫な私になったとき、どれほど人生が変わっていくのか。自分でも面白いなぁと思ってしまいます。捨ててわかったのは、モノと人はしっかりつながっていること。ですから、モノを捨てても変わらない人生などないのだと思っています。

本書では何度も書いた「捨てたら必ず必要なものが入ってくる」という話。私自身、何度も経験するうちに、これはモノが持ち主にくれる感謝のギフトなのだと思うようになりました。捨てるモノがある人だけができる、プレシャスな体験なのです。

当初書くことを予定していなかった実家の片づけが始まったのは入稿間際のことで、「壮大なパズルがはまりましたね」と、最後まで背中を押し続けてくれた編集の松﨑育子さん。ファッション業界にいる人間として、服を減らした体験を語っていいのか迷いがあった私に「昼田さんにしか書けないと思う」と言ってくださったWEBマガジン『ミモレ』の川良咲子編集長。毎週の連載を一緒に走ってくれた編集の出原杏子さん。そしていつも連載を読んでくださる読者の皆さん。この本を最後まで読んでくださったあなたにも、心から感謝を申し上げます。

最後に。

服に頼りすぎないように。大丈夫、この自分でいればいい。

そうやって私を本来の道に戻してくれた1000枚の服たちに、どれほど言っても足りないくらいだけど、心から「ありがとう」を言いたい。

昼田祥子

2023年10月

＊本書は書き下ろしと、ＷＥＢマガジン『ミモレ』（講談社）に発表した原稿に加筆・修正したものとで構成されています。

昼田祥子 Sachiko Hiruta

ファッションエディター歴21年。出版社勤務を経てフリーランスに。２０１６年に大規模なクローゼットの片づけに着手し、１０００枚近くあった服を50枚まで減らした。服好きだからこそ捨てられない葛藤を経験し、「おしゃれとは自分が心地よくあること」と気づく。その体験をＷＥＢメディア『mi-mollet（ミモレ）』の連載で綴ったところ大反響を呼ぶ。また「手放す生き方」はモノからライフスタイル、心や考え方へと広がり、２０２３年からは瞑想インストラクターとしても活動中。

１０００枚《まい》の服《ふく》を捨《す》てたら、人生《じんせい》がすごい勢《いきお》いで動《うご》き出《だ》した話《はなし》

二〇二三年一一月二八日　第一刷発行
二〇二四年　八　月　五　日　第七刷発行

著者　昼田祥子《ひるたさちこ》
ブックデザイン　鈴木成一デザイン室
発行者　清田則子
発行所　株式会社　講談社
郵便番号一一二-八〇〇一
東京都文京区音羽二-一二-二一
電話　編集　〇三-五三九五-三八一四
　　　販売　〇三-五三九五-三六〇六
　　　業務　〇三-五三九五-三六一五
印刷所　株式会社新藤慶昌堂
製本所　株式会社国宝社

ISBN978-4-06-533806-3

KODANSHA